Roland Konrad Becker
_____

Ein liebevolles Kinderbuch für alle

Keiner muss besser sein wie der andere.

Keiner ist besser wie der andere.

Keiner ist der andere.

Jeder ist.

Inhaltsverzeichnis

Kapitel		Seite
1.	Vorwort	6
2.	Einleitung	7
3.	Über mich	9
4.	Erste Gedanken	11
5.	Der Beginn	14
6.	Die Prinzipien des Lebens	18
7.	Das Lehren und das Lernen	37
8.	Sprüche und Weisheiten	42
9.	Macht ausüben und mächtig sein	48
10.	Regeln und Gebote	55
11.	Glaube und Vertrauen	65
12.	Saat und Ernte	68
13.	Gedanken und Realität	70
14.	Frieden und Krieg	73
15.	Mut und Angst	78
16.	Wahrheit und Lügen	81
17.	Würde und Menschenrecht	83
18.	Schuld und Vergebung	88
19.	Altes Wissen unverändert	91
20.	Liebe	94
21.	Nachwort	100
22.	Schlussworte	105

Ein liebevolles Kinderbuch für Eltern oder die es werden wollen. Und für alle, die sich ihres Kindseins erinnern.

„Das Kind wird nicht darauf vorbereitet was auf ihn zukommt, sondern damit überschüttet".

Ihr Kind ist keine Statistik. Jedes Kind ist einzigartig, deshalb gibt es keine passende Formel.

VORWORT

Dies ist kein Buch mit festen Regeln für die Erziehung eines Kindes. Dieses Buch soll lediglich eine Anregung und ein kühner Rat sein, dessen Gedanken aus dem Herzen kommen und nicht aus dem Verstand. Ein aus Liebe geschriebenes Buch, was keine Bedingung beinhaltet. Es ist kein Buch zum Nachahmen, sondern zum selbst erleben. Deshalb nehmen Sie es nicht wörtlich, glauben Sie mir nicht, sondern erfahren Sie selbst, was zwischen den Zeilen steht und achten Sie auf den Inhalt der einzelnen Worte.

Lesen Sie dieses Buch nicht mit dem Verstand, lesen Sie es mit dem Herzen. Alle Beispiele, die ich anführe, sind allgemein und auf 1000 und 1 andere Beispiele übertragbar. Personen, die ich in diesem Buch erwähne, dienen ebenfalls nur als Beispiel. Es ist **keine** Absicht von mir, irgendeine Person persönlich anzugreifen, es geht **nur** um die Handlung, die in dem Beispiel genannt ist. Wenn ich Worte von Persönlichkeiten zitiere, so habe ich nicht vorher um die Erlaubnis gebeten und bitte darum im Vorfeld um Verzeihung. Gleichzeitig muss mich niemand um Erlaubnis fragen, wenn eine Person mich zitiert. Ich habe kein Copyright auf die Worte, die ich verwende.

(Dies schrieb ich, weil es heute gesetzliche Auflagen gibt, die mir verbieten könnten, zu zitieren. Dieses Gesetz ist übrigens kein Gesetz, was aus dem Herzen stammt, sondern aus dem egoistischen Verstand, aus dem Copyright. Die wahre Liebe würde ein solches Gesetz niemals machen.)

Sollte ich einmal in der männlichen Form schreiben, so ist **gleichzeitig** die weibliche Form gemeint. Damit ich das Buch allerdings einfach schreiben kann, einige ich mich auf eine Form. Es geht wie gesagt um den Inhalt zwischen den Zeilen und nicht um das Wort. Es ist mir bewusst, dass es trotzdem Menschen geben wird, die dieses Buch wörtlich nehmen. Manchmal passt „wörtlich". Finden Sie es selbst heraus.

Und an manchen Stellen lass ich meiner Ironie freien Lauf. Sie werden es wissen, wann es der Fall ist. Sollte jemand vermuten, mein Leben wäre einfach verlaufen, da kann ich Ihnen sagen, dass dies nicht der Fall war.

Einleitung

Zuerst möchte ich Ihnen, lieber Leser, liebe Leserin, einen Rat geben. Lesen Sie das Buch langsam, achtsam und mit **Humor** (abgeleitet vom Wort Human, was Menschlichkeit bedeutet). Nehmen Sie sich die Zeit, um über die Gedanken und Gefühle, die in Ihnen während des Lesens entstehen, nachzudenken. Nehmen Sie das Wort „nach-denken" wörtlich. Wenn in Ihnen etwas in einem Kapitel unklar erscheint, lesen Sie dies zu einem späteren Zeitpunkt noch einmal oder beachten Sie es nicht.

Es wiederholen sich immer wieder einige Dinge in den Kapiteln, weil sie in einem Zusammenhang miteinander stehen. Sie werden Übereinstimmungen mit mir finden und in manchem eine andere Meinung haben. Ihre Gedanken und meine Gedanken sind völlig richtig. Die Gedanken sind frei.

Da Sie dieses Buch nicht mit der gleichen Betonung lesen wie ich es geschrieben habe, habe ich einige Worte in Anführungszeichen gesetzt, fett gedruckt oder kursiv geschrieben. Nehmen Sie für sich das, was Ihnen wichtig erscheint und lassen Sie alles andere weg. Und manchmal hatte ich „Zwischengedanken". Diese stehen in Klammern.

In einigen Beispielen habe ich Namen genannt weil ich weiß, dass ich sie nennen darf. In anderen Beispielen habe ich Namen weggelassen um **nicht** die negativen Vorurteile, die in jedem vorhanden sind, gegen eine bestimmte Person zu wecken. Ich kann nicht verhindern, dass Sie denken, denn es passiert. Doch wenn ich vermeiden kann, dass Sie über jemanden persönlich negativ denken können, so tue ich dies.

Ich versichere Ihnen, dass ich in **allen** Beispielen keine Bewertung lege. Wenn Sie dies trotzdem glauben in meinen Worten zu lesen, dann haben Sie sich geirrt, dafür kennen Sie mich zu wenig. Ich nutze Bezeichnungen jeglicher Art, um den Unterschied darzustellen und **nicht** um diese zu vergleichen.

Sollten Sie in einem Wort von den 24.797 Worten mal einen Rechtschreibfehler finden, weil mein „Wordprogramm" zu „doof" ist, meine Worte lesen zu können, dann beachten Sie ihn einfach nicht. Ist das wirklich wichtig? Zwischen den Zeilen sind die Worte immer richtig geschrieben.

Wnen Sie deis hier lseen kneönn, dnan wdrern Sie alels aerdne elfbelans leesn kenönn.

Über mich

Ich komme nach heutigem Ermessen aus einer Großfamilie. Ich habe 4 Geschwister und bin zudem der zuletzt Geborene, gezeugt in einem Akt der Liebe zwischen meinen Eltern. Nicht gezeugt, weil meine Eltern den Wunsch nach einem Kind hatten, sondern weil sie sich liebten in der sexuellen Vereinigung, in einem Akt der reinen Liebe – bedingungslos.

1963 in Deutschland geboren, wurde ich nach meiner Geburt zum evangelischen Deutschen erklärt. Später lernte ich deutsch, da alle Menschen um mich herum deutsch sprachen. Hätten sie englisch mit mir gesprochen, schriebe ich heute englisch. Dasselbe wäre passiert, wenn alle türkisch mit mir gesprochen hätten. Ein türkisch sprechender Deutscher. Wäre ich dann jetzt Christ oder Moslem? Einige in meinem Geburtsort sprachen mit mir in ihrer Mundart. Ich muss zugeben, ich konnte diese Sprache zum größten Teil nicht verstehen.

Ich gehöre zu den geburtenstarken Jahrgängen. Einige Jahre später kam der Einschnitt in die Geburten, der auch unsere Gesellschaft langsam aber sicher verändert. Wohin? Ich weiß es nicht genau. Denn es ist schon immer so, dass die Richtung von heute auf morgen geändert werden kann. Die Folgen kommen dann allerdings erst Jahre später.

Doch heute gelegt, wird die Ernte der Saat eines Tages kommen. Eine Zeitangabe wie Tage, Wochen oder Jahre ist nicht zu machen, da immer verschiedene Aspekte eine Rolle spielen. Es ist wie beim Apfelbaum, dessen Früchte ein Jahr mal früher oder ein Jahr mal später reif werden, einmal weniger trägt oder auch mehr. Doch es hat immer einen Grund, Zufall gibt es nicht.

Auf den ersten Blick scheint mein Leben normal zu verlaufen. Kindheit, Schule, Lehre, Beruf, erste Partnerschaft, Konflikte mit den Eltern, Trennung von der Partnerin, neue Partnerschaft, Ehe, Scheidung, Tod der Angehörigen und Eltern – kurz gesagt, die vielen Facetten eines Lebens. Also ganz normal auf den ersten Blick und oberflächlich betrachtet. Auf den zweiten Blick, den **nur** ich kenne, weil **ich** der **einzige** Mensch bin, der jede Sekunde meines Lebens bei mir war, ist und sein wird, ist mein Leben tatsächlich ganz normal.

Denn für mich ist jedes Leben ganz normal, auch wenn andere meinen, dass ich in einzelnen Situationen verrückt bin. Ich bin normal, die Anderen erklären mich für verrückt oder unnormal, weil sie Vorurteile haben oder Beurteilen, mir eine „Note" geben. Ist am Ende „verrückt sein" ganz normal? Ich denke, das Leben ist paradox.

Als Kind wusste ich noch nicht, wer ich bin. Meine Eltern, Geschwister und die Anderen erklärten es mir bis zu dem Zeitpunkt, als sich mein „eigener Wille" entwickelte. Manche nennen diese Phase „Pubertät". Ausgestattet mit Talenten und den Gaben, wie **jeder** seine Talente und Gaben in die Wiege gelegt bekommt, um später das eigene Leben meistern zu können. Nicht erkannt von den anderen und verborgen für mich selbst.

Zum Glück schien ich meinen Eltern zu gefallen, denn sie ließen zum größten Teil mich selbst entwickeln. Damit dieser Prozess der eigenen Entwicklung nicht unterbrochen wurde, schickte mich meine Mutter auch nicht in den Kindergarten. Ich lernte früh unabhängig von anderen zu entscheiden. Meine Eltern müssen mich sehr geliebt haben.

Ich erwähnte schon, dass ich glaube, dass das Leben im Allgemeinen paradox ist. Ich bin ein Spätstarter in Punkto Partnerschaft in der sexuelle Vereinigung stattfand. Ich war bereits 20 Jahre. Bis dahin lebte ich Sexualität mit mir selbst. Als ich eines Tages im stolzen Alter von 19 mit meinem besten langhaarigen Freund in mein Elternhaus kam, ihn stolz vorstellte und ihn dabei umarmte, gestand mir meine Mutter ihre Vermutung, nachdem mein Freund weg war, ich wäre schwul.

Sie tat dies in der Sorge und Angst um mich, mein Leben könnte sich nicht „normal" entwickeln, gesehen aus ihrer Vorstellung. Dies war 1982 als Homosexualität mit weitaus mehr Vorurteilen belegt war wie heute. Ich bin bis heute nicht schwul. Die Vorurteile, die Sorge und Angst haben meine Mutter in die Irre geführt, so weiß ich es **heute**. **Damals** allerdings dachte ich, warum liebt meine Mutter mich nicht mehr? (negatives Gefühl)

Die Antwort auf meine Frage bekam ich 25 Jahre später am Sterbebett meiner Mutter. Dies soll an dieser Stelle erst einmal über mich reichen.

Erste Gedanken

Viele Kinder werden aus der Herzensliebe gezeugt, doch das ist nicht immer so. Schon der unbedingte Wille nach dem Elternglück macht den Sexualakt zu einer Bedingung und ist nicht aus reiner Liebe gemacht, sondern aus dem EGO. Und ich spreche auch nicht von dem Sexualakt, der hormonell gesteuert ist und aus dem Animalischen stammt, nicht aus dem Herzen. Und den Missbrauch meine ich schon gar nicht.

Die Natur oder der Schöpfer muss sich schon was dabei gedacht haben, dass eine Frau nur an wenigen Tagen im Monat schwanger werden kann. Ich denke, sonst wäre die Welt schon längst überbevölkert. Das wir Männer immer Sperma produzieren, muss daran liegen, dass wir im allgemeinen ja nicht wissen, wann wir eines Tages unsere Partnerin treffen und an welchen Tagen sie schwanger werden kann.

Diese Gedanken sollen kein Freibrief für Männer sein, seine Sexualität auszuleben wie er möchte, verhindern werde ich es nicht können. Die eigene Einstellung in Gedanken zu der Thematik Sexualität steuert das Tun. Geschieht der Sexualakt aus dem Herzen, ist er immer liebevoll und ich bin davon überzeugt, dass er gesetzte Grenzen hat, die ich nicht näher definieren kann und nicht will. Diese Grenzen sollte jeder selbst erfahren.

Dasselbe gilt für Frauen. Gleichberechtigung. Sie wissen ja, ich kann nur in einer Form schreiben. Würde ich Männer und Frauen übereinander schreiben, hätten sie Schwierigkeiten es zu lesen. Sie könnten nicht unterscheiden und müssten gleichberechtigt lesen. Und vergleichen?! Legen Sie in Gedanken die Worte mit geschlossenen Augen einmal übereinander. Können sie noch unterscheiden?

Es gibt Zeiten, da rede ich mit Eltern über ihre Kinder und dann fällt von mir auch schon mal zum Thema „Handy" der Satz „wenn dein Kind nur noch mit dem Handy ins Bett gehen kann, dann nimm ihm doch das Handy weg". Dann muss ich mir oft anhören: „das sagt jemand, der keine Kinder hat". Typisch Erwachsene, sie **vergessen** so schnell, dass sie mal Kinder waren, genauso wie auch ich eins war.

Und manchmal scheinen sie mir auch zu vergessen, dass Kinder Bedürfnisse haben. Ich meine hier nicht die Bedürfnisse nach schönen Schuhen, dem Feuerwehrauto oder heute nach dem Handy. Ich meine das Bedürfnis nach Geborgenheit, Wärme und dem wichtigsten der Liebe. Dies sind in erster Linie die wichtigen Dinge, die ein Kind benötigt um sich frei zu entwickeln. Und das Kind tut dies auch, denn das Leben möchte es so von ihm.

Wenn das Kind/Baby geboren ist fragt es die Mutter nicht, ob es Milch trinken darf. Wenn es Hunger hat meldet es sich und fragt nicht: „Darf ich?" Denn das Kind kennt keine Bedingungen, es ist ganz in der Liebe. Und die Eltern, die ihre Kinder lieben, erfüllen die Bedürfnisse des Kindes, damit es im Einklang mit sich selbst gedeihen kann und nicht nach dem Willen der Eltern. „Darf ich"? wird den Kindern anerzogen, so wie es den Eltern anerzogen wurde. Eltern stellen schnell Bedingungen an das Kind. Und wenn es diese nicht erfüllt, sind die damit verknüpften Erwartungen der Eltern nicht erfüllt. Der erste Konflikt bildet sich, Enttäuschung….

Noch mal zum Thema „Darf ich?". Ich stelle nur in Frage, ob die Frage lebensnotwendig ist. Sollte ich jedes Mal ein „nein" bekommen, werde ich verhungern. Spätestens nach dem 10. Nein werde ich mir etwas zu essen nehmen, denn mein Leben will das so. An dieser Stelle bitte zwischen den Zeilen lesen. Es gilt immer zu lernen, das richtige Maß zu finden und nicht mehr zu essen, wie der Körper braucht.

Essen ist Energie für den Körper. Was er nicht benötigt oder verbraucht lagert er ab. Dies ist, was Sie wissen sollten, der Rest macht ihr Körper von alleine, ohne dass Sie ihm **alle** Einzelheiten erklären müssen. Sie erklären es vielleicht ihrem Geist bzw. ihrem EGO-Verstand. Aber ihrem Körper? Ihr Körper besitzt Wissen und ist weise. Ihr Verstand möchte nicht übergangen werden und möchte das schließlich wissen.

Der Geist, im englischen „Spirit" genannt, benötigt kein Essen, er bedarf einer anderen Energieform – ich nenne es „Verstehen". Und die Seele? Sie benötigt ebenfalls kein Essen, sie bedarf der Liebe. Alles zusammen ergibt den Menschen in seiner Ganzheit, in seinem individuellen Sein, seiner Einzigartigkeit und ist somit **nicht** vergleichbar.

Der Beginn

Ein Kind wird nicht zufällig geboren, es gehören schon Mann und Frau dazu. Selbst wenn der Akt künstlich passiert, so gehören immer noch männlicher Samen und weibliche Eizelle dazu. Hoffentlich stellt nie jemand dies künstlich her, denn dann sind wir als Menschheit in der jetzigen Form überflüssig. Das Leben selbst wird es weiterhin geben. Es verändert nur seine Form, wie es schon immer geschehen ist. Dinosaurier haben einfach nur ihre Form verändert.

Eins ist mir bewusst. Je mehr der Mensch seine Natürlichkeit im Geschlechtsakt verlässt, umso mehr geht er in den künstlichen Akt. Dies geschieht für mich in der Tatsache des unbedingten Kinderwunsches und bietet der Wirtschaft eine enorme Einnahmequelle. Liebe, wie ich sie kenne und versuche zu erklären, hat mit diesem Akt nichts zu tun.

Wenn jemand keine Kinder bekommen kann, aus welchen Gründen auch immer, gibt es die Möglichkeit der Adoption. Entscheidend für mich ist dabei auch das Motiv der Adoption. Aus meiner Sicht sollte das Motiv sein, einem Kind einen Platz der Liebe und

Chance auf ein besseres Leben in dieser Welt zu geben.

Deshalb bin ich froh, dass es eine Wandlung in unserer Gesellschaft gibt, dass ein Kind auch in einer liebevoll geführten homosexuellen Beziehung groß werden darf, wenn auch **hier** das Motiv der reinen Liebe und die Entwicklung des Kindes im Vordergrund stehen sollten. Der reine Kinderwunsch des Einzelnen wäre aus meiner Sicht fehl am Platz.

Der Gedanke einiger Menschen, dass es eines Tages auf Grund der Erlaubnis der homosexuellen Ehe zu einer übermäßigen Vielzahl dieser Ehen führt, entsteht lediglich aus der Angst dieses Menschen, wir könnten aussterben und die Renten wären nicht mehr sicher. Die Natur und das Leben sorgen schon für **genügend** Nachkommen. Dessen bin ich mir sicher. Ich erinnere an dieser Stelle noch mal an meinen ersten Abschnitt im Buch, den Sinn zwischen den Zeilen zu finden.

Für ein Kind ist es sicherlich wichtig, den männlichen Aspekt und den weiblichen Aspekt zu erleben, um Verständnis für das andere Geschlecht zu entwickeln. Wir wissen auch, dass es in einer homosexuellen Beziehung, egal ob schwule oder lesbische Beziehung, einer immer den männlichen Aspekt wiederspiegelt und der oder die Andere den weiblichen Aspekt.

Diese beiden Aspekte zeichnen sich nicht durch Penis und Vagina aus, sondern aus dem Verhalten – der Handelnde (männlich) und die Kreative (weiblich). Oder der Gebende (männlich) und die Empfangende (weiblich). Ein Grund, warum gleichgeschlechtliche Beziehungen entstehen können.

Zwei Aspekte übrigens, die jeder Mensch in sich trägt. Diese Aspekte gilt es zu vereinen, damit Harmonie und innerlicher Frieden entstehen kann. Somit ist der Mensch in seiner Eigenliebe und entwickelt Empathie für das andere Geschlecht und sogar für sich selbst. Selbstwert entsteht.

Empathie ist die Fähigkeit, sich in den Anderen versetzen zu können und ein Verständnis für sein Tun zu entwickeln. Man muss nicht die Taten des Anderen Gut heißen und ist auch keine Verpflichtung, es dem Anderen gleich zu tun, sondern ein Akt des Verständnisses oder eine andere Art der Verständigung. In beiden Worten kommt der „Verstand" vor. Kombiniert man den „Verstand" mit dem Gefühl der Liebe, entsteht Harmonie und Frieden.

Empathen haben eine besondere Gabe. Sie können sich in ihre Lage versetzen ohne jemals diese Erfahrung gemacht zu haben. Sie wissen genau, was sie in diesem Moment gefühlt haben. Sie fühlen sozusagen nach. Sie haben ein tiefes Mitgefühl.

(Googlen Sie doch mal, was einen Empathen ausmacht. Wenn Sie das, was Sie dort lesen nicht oder nur in Teilen nachvollziehen können, liegt es nur daran, dass Sie kein Empath sind. Word kennt übrigens auch das Wort „Empath" nicht. Das bedeutet noch lange nicht, dass es keinen Empathen gibt. Vielleicht habe ich auch nur ein altes Wordprogramm. Empathen sind keine besseren Menschen, denn **kein** Mensch ist besser wie der Andere.)

Vielleicht ist es die Liebe, die Empathie entstehen lässt. Am Ende ist es egal, denn das Ergebnis ist immer der Frieden. Ich bin davon überzeugt, dass ein Baby im hohen Maße empathisch ist. Ein Baby muss sich auf sein Gefühl oder Intuition verlassen können, sonst wird das Überleben schwierig.

Es weiß, dass es nach der Geburt atmen muss. Es weiß, dass es an der Brust saugt und nicht reinpustet. Keiner braucht es dem Baby zu sagen, es kommt mit dem Wissen auf die Welt. Für uns Erwachsene selbstverständlich.

Als ich diese Worte im vorherigen Abschnitt schrieb, wurde mir **deutlich bewusst**, dass Babys mit Wissen auf die Welt kommen. Überall auf der Welt kommen sie mit dem gleichen Wissen auf die Welt. Egal welche Sprache die Eltern haben, welche Hautfarbe, welche Religion oder Kultur. Und dann beginnt die Erziehung oder ganz deutlich ausgesprochen, die Trennung von den Anderen, dem Anderen.

„Selbstverständlichkeit" und „selbstverständliches bewusst erleben" sind für mich zwei Paar verschiedene Schuhe. Das eine ist Oberflächlichkeit, das andere ist Erleben. An dieser Stelle möchte ich **betonen**, dass ich hier **keine** Wertigkeit in diese beiden Zustände lege, ob eins besser ist oder schlechter, sondern ich betrachte dies als zwei verschiede Aspekte, die somit schon gar nicht miteinander verglichen werden können.

Oder vergleichen Sie etwa Äpfel mit Birnen? Selbst Äpfel kann man nicht miteinander vergleichen, denn jeder Apfel ist in sich schon einzigartig. Wenn Sie sagen „ich esse Birnen lieber wie Äpfel", haben Sie verglichen. Wenn Sie sagen „ich esse Birnen", ist kein Vergleich vorhanden. In beiden Fällen essen Sie eine Birne. Warum den zweiten Teil noch hinzufügen?

Und dennoch haben wir Erwachsene gelernt, Dinge miteinander zu vergleichen anstatt sie **einzeln** wahrzunehmen. Wir sind so erzogen, und ich schließe mich damit ein. Heute ist das Vergleichen noch weiter angewachsen wie zu dem Zeitpunkt als ich noch Kind war. Menschen wurden schon immer miteinander verglichen und bewertet.

Heute kommen Reisen, Autos, Versicherungen, Kleidung und, und, und dazu. Wir schauen in die Vergleichsprogramme, vergleichen und bewerten. Urlaubsziele, Unternehmen, Hotels werden verglichen und bewertet am eigenen Maßstab. Ein Zustand, der in Fleisch und Blut übergegangen ist und somit Normalität.

Doch ist der eigene Maßstab der Richtige? Bin ich vergleichbar? Mit wem und mit was? Eins weiß ich für mich. Egal mit wem und mit was ich verglichen wurde, es hat immer Schmerzen in mir verursacht, ob in meinem Herzen, in meinem Verstand oder in meiner Seele und das von Beginn an. Als Kind hatte ich noch nicht die Abwehrkräfte, die ich heute mit meinen 55 Jahren habe.

Überlegen Sie genau, ob Sie in einer „Schublade" leben wollen, in die Sie von anderen gesteckt wurden. Wenn nicht, dann stecken auch Sie niemanden in eine „Schublade". „Richte nicht, sonst wirst du gerichtet werden" heißt es in der Bibel, der heiligen Schrift.

Die Prinzipien des Lebens

Alles ist Leben. Wir unterscheiden Lebewesen, Pflanzen und Steine. Das Leben ist fest, flüssig und gasförmig (und nicht sichtbar). Es ist Emotion, Gedanke und Materie. Das Leben ist unendlich und in einem ständigen Wandel. Es ist noch lange nicht erforscht und entdeckt. Das Leben ist ein ständiger Kreislauf, eine unendliche Linie. Die Wissenschaft weiß, dass nichts verloren geht, sondern sich lediglich wandelt.

Das menschliche Leben des Einzelnen ist endlich. Ist es das wirklich? Oder verändert der menschliche Körper nur seine Form? Letzteres ist der Fall. Er kehrt in den Kreislauf des Lebens zurück und dient auf einer anderen Weise dem Leben.

Es gibt Menschen, die Angst vor dem Verlust des Lebens haben. Sie tun alles, um das eigene Leben zu erhalten. Unsere Medizin steht unter diesem Aspekt. Ärzte legen deshalb den hippokratischen Eid ab. Sie verpflichten sich, Leben so lange wie möglich zu erhalten. Können sie es überhaupt? Sie bestimmen über mich, es sei denn, ich äußere meinen Wunsch zu sterben in Form einer Patientenverfügung, wann ich es für richtig halte.

Ich liebe mein Leben und werde **das** tun, um es so lange wie es mir möglich ist, zu erhalten – **ganz** in meiner eigenen Verantwortung zu 100 Prozent. Bei einem Familientreffen, auf dem ich der Jüngste war, sagte ich vor kurzem, dass ich 103 Jahre werde. Alle lachten. Und warum lachten sie? Keiner von ihnen glaubt, dass er selbst 103 Jahre wird. Jeder von ihnen hat eine angeschlagene Gesundheit, hat gesehen, dass die Eltern früh gestorben sind oder noch Jahre gepflegt wurden, bis sie starben. Sie vergleichen sich mit anderen oder mit ihren Erfahrungen und vergessen, dass sie ein eigenständiges Leben führen, für dass sie **selbst** verantwortlich sind. Vergleichen, weil es in Fleisch und Blut übergegangen ist.

Alles haben sie so gelernt zu betrachten, weil ihre Eltern ihnen als Kind die Verantwortung abgenommen haben, weil die Eltern nur das Beste für ihr Kind wollten, weil die Eltern es so von ihren Eltern gelernt haben. Es ist **kein** Vorwurf an **alle** Eltern, sondern ein Hinweis darauf, was „vergleichen" bewirken kann.

Ich will noch einmal auf **meine** Betrachtungsweise des Lebens zurückkommen. Für mich ist das Leben unendlich. Ich habe meine Angst vor dem Tod überwunden, die auch in mir vorhanden war. Dies geschah am Bett meiner Mutter, als ich vor der Frage stand, sie gesund zu pflegen oder in den Tod zu begleiten.

Ich hatte mich entschieden meiner Mutter eine Frage zu stellen und abzuwarten, was geschieht. Zu Hause am Krankenbett nahm ich all meinen Mut zusammen, den ich hatte, und fragte sie: „Darf ich mich mit dir über den Tod unterhalten?" Meine Mutter schaute mich an und es geschah etwas zwischen ihr und mir, was keinen Worten bedarf. Sie verabschiedete sich von mir (ohne Worte wie gesagt) und ich wusste in dem Moment, dass sie sterben wird. Ich stellte dann noch die Frage, ob sie mir noch etwas sagen möchte und auch hier sprach sie kein Wort zu mir, denn es war die andere Weise, mit der sie mit mir Sprach – **dem Gefühl**.

Ich wusste alles, was ich wissen musste. Die gegenseitigen Schmerzen, die wir uns im Leben zugefügt hatten und verborgen im Innern lagen, zeigten sich und durften gehen. Ich ging weinend zu meinem Bruder und erzählte, dass die Mama stirbt. Zuerst erklärte er mich für verrückt, doch als er wieder zu mir kam, sagte er: „Du hast recht!"

Was hat das jetzt mit Kindern zu tun? Ganz einfach. Das Leben besteht aus zwei Seiten auf allen Ebenen, in allen Bereichen, in allen Situationen des Lebens und zu allen Zeiten – das Prinzip der Dualität oder Polarität. Kinder davon fern zu halten, entfernt sie vom Leben. Kinder in „Watte" zu wickeln entspricht nicht dem Leben. Beide Seiten zu akzeptieren und zu vermitteln ist besser.

Ein weiteres Prinzip des Lebens ist der Rhythmus. Alles kommt immer wieder. Zum Beispiel hat jeder Mensch einen Biorhythmus. Wachphase wechselt sich mit Schlafphase ab, Tag und Nacht, Ebbe und Flut, die Jahreszeiten, der Zyklus der Frau, etc.

Jede Frau kann nur an bestimmten Tagen schwanger werden. Wenn die Frau diese Tage kennt und nicht schwanger werden möchte, sollte sie an diesen Tagen auf den Geschlechtsakt verzichten. Der Mann, der mit der Frau zusammen ist, sollte diese Tage akzeptieren und besonders liebevoll sein. Das ist natürliche Verhütung. Die Verhütung durch die Pille ist künstlich, weil dem Körper der Frau vorgegaukelt wird, er wäre schwanger. Oder krass ausgedrückt, die Frau fordert ihren eigenen Körper auf, sich zu belügen.

In der Bibel steht der „Rhythmus" beschrieben, als Joseph dem Pharao von seinem Traum erzählte, dass nach den sieben fetten Jahren, die sieben mageren Jahre folgen. Der Hinweis, der hier zu lesen ist, besagt, dass wir dem Negativen ausweichen können, wenn wir es akzeptieren und uns darauf vorbereiten. So können wir die negativen Zeiten positiv überstehen.

Auch in der Entwicklung eines Babys gibt es positive und negative Entwicklungen. Es ist besser beide zu akzeptieren und mit Ruhe und Gelassenheit darauf zu **agieren** als ängstlich zu **reagieren**. Angst erzeugt Stress, Stress schadet dem Körper und dem Geist. Wenn es hart wird, wird die Angst immer größer und entwickelt sich zur selbsterfüllenden Prophezeiung. Das ist das nächste Prinzip des Lebens – Ursache und Wirkung.

Am Anfang schrieb ich, dass ich davon überzeugt bin, dass jedes Neugeborene Empathie besitzt, weil es auf seine Gefühle angewiesen ist. Gefühle können übertragen werden, so wie bei mir und meiner Mutter, als ich ohne Worte wusste, was folgen wird. So ist für mich klar, dass auch die „Angst" übertragen werden kann und das Baby „erlernt" die Ängste, um sie später in ähnlichen Situationen anzuwenden.

Viele Menschen behaupten und glauben, wir brauchen die Angst, um uns vor den negativen Dingen zu schützen, die das eigene Leben bedrohen. Das mag sein. Aber vielleicht ist das nur so, weil die Angst seit tausenden von Jahren übertragen wird. Ich habe Verständnis für „die Angst" an sich, gerade in den Zeiten des Terrorismus, der Existenzängste ob die Altersversorgung reicht, des Klimawandels. Doch eins bin ich mir bewusst, meine Ängste nehmen mir meine Freiheit, mutig an alle Herausforderungen des Lebens heran zu gehen. Also lerne ich, mit meinen Ängsten umzugehen und ihnen die Wirkung zu nehmen.

Ein Beispiel aus meinem eigenen Leben. Ich konnte lange nicht schwimmen. Wenn ich es erzählte kam oft die Frage. „Wie, du kannst nicht schwimmen?". Vor dieser Frage hatte ich immer Angst, weil ich tief in meinem Innern glaubte, nicht vollständig zu sein, nicht so zu sein wie andere. Ich verglich mich mit Anderen. Das Vergleichen-Thema hatte ich schon erwähnt.

Dann wandelte ich meine Angst in Mut. Ich hatte inzwischen gelernt, dass es zwei Seiten gibt, das sogenannte Gegenteil. Ich erkannte, dass die andere Seite der Medaille „Angst" der „Mut" ist. Also nahm ich ihn mir, gestand mutig jedem, dass ich nicht schwimmen kann und nahm mir eine Schwimmlehrerin.

Heute bin ich der Nathalie so dankbar, dass sie mich in der ersten Stunde direkt ins tiefe Wasser gejagt hat, wo ich mich nicht hinstellen konnte, um mit dem Gesicht über Wasser zu bleiben. Am anderen Ufer völlig außer Puste angekommen, hatte ich das Gefühl, eine Goldmedaille gewonnen zu haben.

Als ich Nathalie erzählte, welche **Leistung** ich vollbracht hatte, sagte sie: „Stimmt, das hast du. Ich weiß das. Zur Not hätte ich dich gerettet". Liebevolle Worte von dem Menschen, der mich doch **scheinbar** falsch behandelt hat. Sie hat mich nicht mit Watte angepackt, aber sie wäre da gewesen, wenn ich sie gebraucht hätte.

Niemand muss in Watte gehüllt werden, auch die Babys nicht. Aber liebevoll da sein, das ja. Bis zu dem Zeitpunkt, bis das Baby oder das Kind es kann und wenn es erst als Erwachsener ist oder die Stunde des Todes gekomen ist.

Und den Zeitpunkt des „Könnens" darf aus meiner Sicht der Mensch selbst entscheiden – und das nicht nur als Baby. Es wird laufen lernen, und wenn es erst mit 2 Jahren laufen lernt. Denn es wird dem Ruf seines Lebens folgen und aufrecht gehen, so wie es der Mensch vor über tausenden von Jahren gelernt hat.

Ist es nicht der Gedanke in den Erwachsenen, die glauben, dass ein Kind nach einem Jahr schon laufen müsste? Wird es nicht von den Erwachsenen als Störung empfunden, wenn ein Kind sich nicht „normal" entwickelt, so wie es in den Büchern steht? Ist es nicht ein Gedanke, geboren aus dem Denken der Leistungsgesellschaft? Entsteht hier nicht schon der erste Druck auf das Kind? Und wenn das Kind nicht aufpasst, was es noch nicht kann, übernimmt es den

Druck und lebt damit. Solange, bis es sich von dem Druck befreit.

Für mich steht fest, dass eine liebevolle Behandlung und ein natürlicher Umgang mit dem Wachstum, dazu führt, dass sich ein Kind frei und ungebunden entwickelt. Und das vielleicht sogar schneller, wie Erwachsene denken, was „normal" ist. Hier wieder meine Bitte, zwischen den Zeilen zu lesen. Als kleine Erläuterung zu meinem Denken über Zeit. Ich messe Zeit nicht in Stunden, Minuten, Tagen und Wochen. Zeit ist für mich relativ. Ich bin in der Zeit, ständig und immer.

Hier ein Zitat einer lieben Freundin von mir: „Gras wächst nicht schneller nur weil man daran zieht". Erziehen wir unsere Kinder oder lassen wir sie in ihrem Tempo wachsen? Wenn Sie ihr Kind erziehen, wie auch Sie erzogen wurden, seien Sie sich bewusst, dass es positive oder negative Auswirkung auf ihr Kind haben kann. Wenn Sie ihr Kind begleiten, dann nehmen Sie Einfluss in **den** Situationen, in denen es wirklich Notwendig ist. Und seien Sie dabei liebevoll.

Bezüglich des freien Wachstums begegnete mir eine Situation im Fernsehen. Ich hörte von einer 17 jährigen, die den Friedensnobelpreis bekommen hat, weil sie sich für die Rechte der Menschen einsetzt. Die Reporterin fragte die junge Frau: „Was haben ihre Eltern richtig gemacht, dass sie heute einen Preis bekommen? Wie haben ihre Eltern sie erzogen?". Sie antwortete folgendes: „Meine Eltern haben mich immer gelassen und Vertrauen gehabt, dass alles richtig läuft. Ich war nicht immer ein Engel und sie haben mich zu „recht" gewiesen, wenn es nötig war. Aber sie haben immer an mich geglaubt und mir vertraut".

Glaube und Vertrauen sind ganz wichtige Eigenschaften. Wer den Glauben und das Vertrauen verloren hat, kann ihn nicht weiter geben. Liebe deinen Nächsten wie dich selbst.

Es gibt viele Beispiele, die man auf verschiedene Ebenen oder Situationen übertragen kann. Ich nehme hier mal das krasseste Beispiel, den Krieg. Wenn eine Nation sich nicht mit einer anderen Nation verträgt, gibt es den Konflikt, der bis hin zum Krieg führen kann. Der Neidfaktor – du hast etwas, was ich nicht habe – und die Gier nach mehr – ich bin besser wie du (Vergleichsthema) – tun ihr übriges dazu.

Passiert dies unter Nachbarn, ist die Ebene sicher eine andere und muss nicht mit dem Kauf eines Panzers enden, doch das Prinzip ist das Gleiche. Man kann es auch Muster nennen. Und manchmal enden diese Streitigkeiten vor Gericht, und manchmal auch dann nicht. Kurzer Hinweis von mir. Der Klügere gibt nach und akzeptiert.

Wenn Bayern München glaubt, der Beste zu sein im Fußball, werden sie alles tun, um dies zu erreichen. Sie erfinden sogar Gründe um das Ziel zu erreichen. Die Fans tragen dann das Prinzip „Neid und Gier" in den Stadien aus. Heute wohl nicht nur in den Stadien. Das Muster hat den Ort verlagert, aber es hat sich nicht geändert. Und durch das neue Medium Internet verbreitet es sich noch schneller. Während es früher noch friedliche Verschnaufpausen gab, gibt es diese heute nicht mehr. Funk und Fernsehen tragen zur schnelleren Verbreitung bei. Die notwendige Zeit der inneren Einkehr, um Gedanken zu sortieren, fehlt.

Ich komme noch einmal auf die Nachbarn zu sprechen. Wenn sie merken, dass sie eigentlich einem Prinzip oder Muster verfallen sind, dann haben sie die

Chance, das Muster zu verändern und Frieden zu schließen. Und dann kehrt Frieden ein, so lange, wie sie das Prinzip des Friedens – **ich akzeptiere dich so wie du jetzt bist** – einhalten. Machen Sie aus dem „jetzt" ein „immer". Dann darf sich der Andere auch ändern, egal wie er sich ändert. Der Frieden bleibt für **immer**.

Ich habe mir das Erkennen des Prinzips zunutze gemacht. Ich gebe gerne ein Beispiel dafür. Mein vor mir geborener Bruder und ich haben uns fast immer oder sehr oft gestritten. Es kam der Tag, an dem ich es leid war, den Schmerz des Streites zu ertragen. Als wir uns wieder einmal stritten, beschloss ich, die Situation ins Reine zu bringen, Frieden zu schließen. Einen Tag später lud ich meinen Bruder unter einen Vorwand zu mir nach Hause ein. Ich glaube, ich erzählte ihm, dass ich mich über die Miete unterhalten wolle.

Nichts ahnend gestand ich ihm, dass ich mich nicht mehr mit ihm streiten möchte. Verdutzt über meine Aussage, willigte er ein und gab zu bedenken, dass es trotzdem wieder passieren könne. Darauf antwortete ich: „Wenn wir uns wieder streiten und es merken, dann geben wir ein „Stopp" und unterhalten uns einen Tag später in Ruhe weiter". Bis auf den heutigen Tag gab es nie wieder Streit zwischen uns, auch wenn wir verschiedene Typen sind.

Mein Bruder und ich sprachen an diesem Tag über eine Stunde, was wir noch nie gemacht haben. Und dann fanden wir den Grund des ewigen Streites. Er sagte: „Ich glaube, es liegt daran, dass du mir meinen Platz des Jüngsten weggenommen hast". Und genau das ist der Grund unseres ewigen Streites. Es ist das Prinzip von Ursache und Wirkung. Geschaffen bei meiner Geburt oder auch etwas früher schon. 50 Jahre später erkannt und erfolgreich bearbeitet.

Nikolai Popov beschreibt das Muster, in dem mein Bruder und ich gelebt haben, sehr genau in seinem Kinderbuch „Warum". Ein Buch für Kinder, was lieber Erwachsene lesen sollten. Es zeigt in nur wenigen Worten den Unsinn des Streites bzw. Krieges auf. Die wirkliche Ursache ist vielen nicht bewusst oder nicht bekannt, denn oft liegen die Ursachen Generationen zurück und man war bei der Entstehung gar nicht dabei. Der Konflikt wird einfach vererbt oder weiter gegeben oder durch Andere aufrechterhalten.

Dadurch, dass es nicht immer ersichtlich ist, warum ein Konflikt da ist, muss es einen anderen Lösungsweg geben, als nach der Ursache zu suchen, um aus dem Konflikt herauszufinden. Es gibt sicherlich mehrere, auf die ich noch zu sprechen komme. Einen machen uns die Kinder vor. Da Kinder den Moment leben, sind sie in der Lage, Konflikte innerhalb kürzester Zeit zu lösen.

Ich erzählte dies meiner ehemaligen Frau und sie hatte sofort eine Geschichte parat, die dies bestätigte. Auf einer großen Gesellschaft stritten sich zwei Kinder. Während die Eltern noch ihre Erfahrungen ausdiskutierten, was man tun soll, damit die Kinder lernen, friedlich miteinander umzugehen, spielten die Kinder schon wieder miteinander. Sie leben den Moment und haben schnell vergessen, was 5 Minuten vorher geschah.

Das haben sie natürlich nicht wirklich. Kinder sind in der Lage, schnell die Taten des Andern zu **vergeben**. Sie tun dies ohne Worte (wie ich und meine Mutter) und aus einem Mitgefühl für den Anderen heraus. Erwachsene haben diese Fähigkeiten verlernt, weil ihnen etwas anderes gesagt wurde, als sie selbst nicht mehr Kinder waren. Kinder handeln intuitiv.

Erwachsene haben dies weitgehend verlernt. Es wurde ihnen aberzogen von den Eltern, so wie es deren Eltern ebenfalls aberzogen wurde. Und so entwickelt sich eine Gesellschaftsform. Hier wieder mein Hinweis, zwischen den Zeilen zu lesen.

Manchmal bedarf es keiner Worte, sondern nur Verständnis, Akzeptanz und Respekt. Und dies zeigt sich in den Taten, Worte **allein** genügen nicht. Körper, Geist und Seele sollten im „Gleichklang" sein. Kinder können sich lieb haben auch nach einem Konflikt. Denn sie stellen keine Bedingungen – noch nicht.

An dieser Stelle möchte ich generell Eltern in Schutz nehmen, auch wenn ich zwei Abschnitte vorher gesagt habe, dass Eltern ihren Kindern die Intuition aberziehen. Dies gilt nicht für alle, ist **nicht** persönlich gemeint und soll auch **niemanden** verletzten. Es sind am Ende nicht nur die Eltern, die erziehen, sondern ihre ganze Umgebung. Eltern können gar nicht 24 Stunden auf ihr Kind aufpassen. Zu viele Eindrücke von außerhalb der Familie treffen ebenfalls auf das Kind ein. Im Kindergarten, in der Schule, in der Religion, in der Politik, im Internet – alle reden sie mit. Und jeder weiß es am besten.

Die Familie sollte nach meiner Ansicht der Schutzraum sein vor all diesen Eindrücken, die auf die Kinder einwirken. Der Schutzraum hat bei mir den Namen Liebe und Ruhe. Und wenn der Schutzraum nicht mit „Liebe" gefüllt ist? Wenn Kinder dann in der Familie nicht durch Liebe geschützt werden, sondern weiter mit Eindrücken überfrachtet werden, müssen wir uns nicht wundern, dass Kinder nur noch rastlos sind und die Orientierung verlieren. Mal mehr, mal weniger. Ursache und Wirkung spielt auch hier eine Rolle.

Ich bin der Meinung, dass Kindern in der heutigen Zeit zu viel abverlangt wird. Die vielen Eindrücke, denen ich als Kind nicht ausgesetzt war, können heute von den Kindern nicht genügend verarbeitet werden. Innere Unruhe entsteht. Dazu kommt der Leistungsdruck – mein Kind muss besser und schneller sein. Wie wer eigentlich? Ist es nicht so, dass mein Kind nur besser sein kann, wenn ich es mit einem anderen vergleiche?

Ist das nicht schon wieder der Vergleichsgedanke, der tief in jedem von uns steckt und aus dem Unterbewusstsein funktioniert, weil wir es so gelehrt bekommen haben? Ich nenne das Bildung und nicht freie Entwicklung.

Ich kenne den Leiter einer Grundschule. In einem Gespräch mit ihm über die Schule im Allgemeinen, fielen folgende Worte: „Wir haben einen Bildungsauftrag, mehr nicht". Dieser Auftrag kommt von der Politik. Denn die Politik glaubt, dass gebildete Menschen bessere Menschen sind. Sie glauben, dass man im Wettbewerb durch Bildung besser überleben kann. Und am Ende sollen Sie in das bestehende System hinein passen. Druck entsteht.

Hätten Politiker oder die Menschen, die Druck verteilen, mal im Physikunterricht aufgepasst, dann wüssten sie, dass ein Kessel bei zu hohem Druck an der sensibelsten Stelle platzt. Der Druck besteht aus Energie, die sich ihren Raum sucht. Und fragen sie mal einen Chemiker, was wir als Menschen zum größten Teil sind. Er wird ihnen sagen: „Energie mit ein wenig Materie".

Mein Chemielehrer sagte: „Wenn wir alle Zwischenräume zwischen den Atomen und den Neutronen entfernen, dann ist die Erde nicht größer wie ein Stecknadelkopf". Wie groß sind wir als Menschen dann? Auch wir bestehen aus Atomen und Neutronen – und Energie.

Gefühle sind reine Energie, Gedanken sind reine Energie. Sie sind ohne menschlichen Körper nicht sichtbar, allerdings spürbar. Und sensible Menschen spüren diese Energie sehr deutlich, hochsensible noch viel mehr. Babys und Kleinkinder sind nach meiner Ansicht hochsensible Menschen, denn sie sind auf die Gefühle und ihre Intuition angewiesen und spüren daher sehr genau, wer Vater und Mutter sind.

In einer Sendung eines seriösen Fernsehsenders sah ich einen Bericht über Spendensamenkinder. Für die, die es nicht wissen, die Mutter ist leiblich, der Vater ist nicht „leiblich", da der Samen von einem Samenspender kommt. Diese Kinder sprechen größtenteils von einer Ahnung, die sie hatten, dass irgendetwas nicht stimmt. Ahnung ist ein Gefühl.

In einem Interview fand ich im Internet folgende Worte eines Samenspenderkindes:
„Der ganze Akt ist so steril und hat für mich wenig mit Liebe zu tun. Das ist keine schöne Vorstellung. Trotzdem dachte ich mir: „Ich hatte Recht." Endlich hatte ich eine Antwort. Ich habe schon seit ich klein war, geahnt, dass da was nicht passt. Ich habe mir schon immer gedacht: „Ich bin anders."

Ich erinnere an dieser Stelle noch einmal an einen Abschnitt am Anfang:
„Eins ist mir bewusst. Je mehr der Mensch seine Natürlichkeit im Akt verlässt, umso mehr geht er in den künstlichen Akt. Dies geschieht in der Tatsache

des unbedingten Kinderwunsches und bietet der Wirtschaft eine enorme Einnahmequelle. Liebe, wie ich sie kenne und versuche zu erklären, hat mit diesem Akt nichts zu tun".

Kinder haben ein Gespür dafür, wenn irgendetwas nicht stimmt. In dem Fall des Samenspenderkindes war es die Lüge, die zwischen den Eltern und dem Kind stand. Die Wahrheit kommt immer eines Tages an das Tageslicht, so heißt es. Eine Lüge kann niemals die Liebe sein. Eine Lüge fühlt sich anders an, wie die Wahrheit, denn sie haben nicht die gleiche Schwingung. Und diese Schwingung ist spürbar und erst recht, wenn man mit diesem Menschen tief verbunden ist.

Thema Gespür. Ich traf auf eine gerade gewordene Mutter mit ihrem Baby. Ich fragte: „Ist es ein Junge oder ein Mädchen". Ich konnte es nicht erkennen und dachte im ersten Moment, dass ich zu dumm sei, es zu erkennen. (Sie wissen ja, ich habe selbst keine Kinder, aber ich war eins.) Dann kam die Erklärung der Mutter: „In den ersten Monaten kann man das gar nicht sehen. Sie sind da noch **eins** miteinander – Junge und Mädchen. Wir Erwachsenen geben ihnen ja dann blaue und rosafarbene Kleidung und erziehen sie zum Jungen und zum Mädchen".

Eine erstaunliche Aussage und ich bin dieser Mutter Dankbar dafür. Zu einem erwähnte ich schon, dass die weiblichen und die männliche Aspekte in jedem von uns sind (Yin und Yang). Wir trennen. Jetzt kommt meine Geschichte.

Ich bin, wie gesagt, das fünfte Kind in der Familie. Drei Jungs und ein Mädchen waren es schon. Mein Vater wünschte sich ein Mädchen, Jungs waren ja schon genug da.

Ich bin zu Hause geboren. Mein Vater war bei meiner Geburt 1963 dabei, wie auch meine Tante Liesel, die selbst keine Kinder bekommen konnte. Sie ist die Schwägerin von meiner Mutter und meinem Vater. Also keine direkte Verwandte, sondern angeheiratet. Was für ein komisches Wort.

(Mein Vater hat etwas „selbstverständlich" gemacht. Da haben andere Väter von heute immer noch ihre Schwierigkeiten).

Als mich nun meine Mutter aus ihrem Leib presste, nahm mich die Hebamme entgegen und trennte mich von meiner Mutter indem sie die Nabelschnur durch schnitt. Und dann trennte sie mich noch einmal von meiner Mutter mit den Worten: „Margarete, du hast schon vier Kinder. Das bekommt jetzt die Liesel", und gab mich in die Arme einer mir wildfremden Frau, die noch nicht einmal nach Familie roch. Mein Vater, der daneben stand, drehte sich vor Enttäuschung auf den Hacken um, weil ich kein Mädchen war.

Herzlich Willkommen in dieser Welt, Roland. Dass ich in dem Moment nicht „Danke" gesagt habe, kann sicherlich jeder verstehen. Ach ja, ich konnte noch gar nicht reden und denken konnte ich auch noch nicht. Aber ich konnte fühlen. Was glauben sie, was ich gefühlt habe? Und können sie sich vorstellen, dass mir in dem Moment egal war, ob ich Junge oder Mädchen, weiß oder schwarz, Christ oder Moslem, katholisch oder evangelisch bin? Denn am Ende bin ich **nur ein Mensch**, Bezeichnung Baby sprich Junge.

Hätte mein Vater doch damals gewusst, dass weiblicher und männlicher Aspekt in mir steckt. Er hätte gar nicht enttäuscht sein müssen. Viele meiner Freunde wissen, dass ich als Mann eher weiblich denke und fühle. Ich werde deshalb oft als „Frauenversteher" tituliert. Und den männlichen Aspekt lebe ich genauso, denn ich kann zum Beispiel schnell Entscheidungen treffen.

Im Laufe meines Lebens bekam ich immer neue Bezeichnungen. Jugendlicher, Mann, Schüler, Lehrjunge, Erwachsener, Christ, Evangelisch, Tischler, Kohlenhändler und nicht zu vergessen, den Namen Roland. Und egal wie man mich auch bezeichnen mag, so bin und bleibe ich der, der ich bin in diesem Moment. Morgen bin ich vielleicht anders, aber dann bin ich immer noch der, der ich bin.

Eine indianische Weisheit sagt: „Der Baum spiegelt das Sein. Er wandelt sich. Verändert stellt er sich selbst wieder her und bleibt immer der gleiche".

Diese Weisheit lässt sich auf den Menschen übersetzen: „Der Mensch spiegelt das Leben. Er wandelt sich im Laufe seines Lebens. Im Äußerlichen verändert, bleibt er innerlich immer der Mensch". Und wird kein Baum. Meine Ironie lässt grüßen.

So, wie sich das Leben verändert, können wir auch unsere Gedanken verändern und tun dies in Teilen auch. Und unsere Gedanken beeinflussen unser Tun. So wie ich denke, handele ich. Was ist, wenn ich denke, dass ich so bin wie ich bin, aber tief im Innern ein anderer? Was ist, wenn ich die Gedanken der Eltern, der Lehrer und aller anderen nur übernommen habe?

Auch der Gedanke hat zwei Seiten. Deshalb kann man ihn ja verändern. „Sturköpfen" fällt ist das schwer, „Leichtgläubigen" eher leicht. Doch der Gedanke des Einzelnen lässt ihn immer handeln wie er denkt. Es gibt zwei Gedankenarten, die Bewussten und die

Unbewussten. Beide lassen uns handeln und keiner entsteht zufällig.

Wer hat nicht schon einmal die Situation erlebt, dass er gehandelt hat und hinterher nicht wusste warum? Und jeder kennt Handlungen über die er gar nicht nachdenken muss. Ich stehe morgens aus dem Bett auf und brauche nicht mehr darüber nachdenken, wie ich es mache. Eine Unbewusste und automatische Handlung, allerdings dennoch erlernt. Selbst wenn diese Handlung schon erlernt wurde, als der Mensch sich aufrichtete, und in sich verinnerlichte.

Ich möchte noch zwei Beispiele bringen, wie kraftvoll Gedanken sind. Mein über alles geliebter Professor Dr. Walter Kuehnegger, der in den 60er Jahren bei der NASA arbeitete und mit dazu beigetragen hat, dass Menschen zum Mond geflogen sind, sagte mir: „Roland, wenn wir nicht die Vision gehabt hätten, auf den Mond zu fliegen, wären wir heute noch nicht da. Der Gedanke hat uns dorthin gebracht". Doch hatte Jules Verne den Gedanken schon hundert Jahre früher? Manchmal brauchen Gedanken eben seine Zeit.

Mein Freund Hübi (ich darf ihn immer noch so nennen) erzählte mir von einem Angestellten einer Lebensmittelfirma. Eines Tages, als alle Angestellten schon Feierabend hatten, war er der letzte in der Firma und ging noch einmal ins Kühlhaus. Dabei fiel die Tür zu und er konnte sie von innen nicht mehr öffnen. Am nächsten Tag lag er erfroren im Kühlhaus und zeigte alle Anzeichen des Erfrierens. Das dumme dabei, das Kühlhaus war nicht an und war deutlich in den Plusgraden. Seine Panik/Angst und seine Gedanken haben zum Tod geführt. Der Körper hat nur das gemacht, was er gedacht hat.

Warum erzähle ich das. Achten Sie darauf liebe Eltern, Lehrer, Ärzte, Politiker, Geistliche und Mitmenschen, welche Gedanken Sie in einen Menschen einpflanzen bzw. wachrufen. Sie werden sich erfüllen. Sie werden immer das ernten, was Sie säen. Hier noch einmal ein **wichtiger Hinweis** von mir. Es geht mir nicht darum, Menschen zu verurteilen oder die Gedanken der anderen und des Lesers als richtig oder falsch zu bezeichnen, sondern **lediglich** Achtsam zu sein und seinen eigenen Gedanken zu lauschen. Gerade in der heutigen schnelllebigen Zeit, gebe ich ihnen den Rat, sich die Zeit zu nehmen, um Ihren Gedanken zu lauschen. Und geben Sie den Kindern die Zeit, ihren Gedanken zu lauschen. Jeder braucht seine Zeit.

In unserer Gesellschaft glauben inzwischen die meisten Menschen, dass die Zeit schneller vergeht. Wir haben das Gefühl, dass es so ist. Ist es nicht so, dass wir nur weniger Zeit haben, weil wir viel mehr Dinge tun, die andere in früheren Zeiten nicht gemacht haben? Ist es nicht so, dass wir **denken**, wir müssten so viel tun, weil andere es auch so tun? Damit wir dazu gehören? Weil wir uns mal wieder vergleichen? Hatte ich das „Vergleichsthema" nicht schon einmal?

Die Zeit hat sich seit Anbeginn der Erde nicht verändert. In 24 Stunden hat sich die Erde einmal gedreht, damit jeder für eine bestimmte Zeit die Sonne sehen kann. Dies gilt für Tiere und Pflanzen gleichermaßen. In einem Jahr ist die Erde wieder an der gleichen Stelle.

Ich übertrage mal meinen Lieblingsspruch auf die Zeit. „Die Zeit ist wie das Leben. Sie wandelt sich in den Jahreszeiten, doch sie bleibt immer die Gleiche". Übrigens hat nicht jeder Mensch auf diesem Planeten das Gefühl, dass die Zeit schneller vergeht. Für mich ein sicheres Zeichen, dass es im Kopf entsteht, in den Gedanken unserer Gesellschaft. Verankert im bewussten Denken und sich erfüllend.

In diesem Kapital spreche ich von den Prinzipien des Lebens. Ich will sie hier noch einmal in Kurzfassung nennen:

Polarität – Es gibt immer den Gegenpol, alles hat zwei Seiten

Rhythmus – Alles kommt wieder, Ebbe und Flut, Tag und Nacht

Ursache und Wirkung – Alles hat einen Grund, nichts geschieht zufällig

Analogie – Alles geschieht im Großen wie im Kleinen, Muster

Schwingung – Ich fühle die Schwingung des anderen, alles ist Schwingung

Männlich und weibliche Prinzip – Der Handelnde, die Kreative

Das Denken – Das geistige Prinzip (Spirit), die Schöpferkraft, es ist wie ich denke.

Dies sind die Prinzipien des Lebens, die alle Menschen „gleich" machen, die in allen vorhanden sind, in der Antike schon bekannt waren und sich bis heute nicht verändert haben (Hermes Trismegistos). Sie stellen sich nur immer verändert dar, so wie es die indianische Weisheit besagt.

Das Lernen und das Lehren

Seit Anbeginn des Menschen lernt er und gibt das erlernte weiter, geistig wie auch körperlich. Ich kann es auch Evolution nennen. Irgendwann begann der Mensch aufrecht zu gehen und hat es bis heute nicht wieder verlernt. Es ist in Fleisch und Blut übergegangen und selbstverständlich geworden – genetisch veranlagt, so nennt man es heute, wenn ich mich nicht irre. Andere nennen es vererben – **ich habe es, du bekommst es.** Vererben oder veranlagt - das Muster ist gleich – **Analogie.**

Genauso ist es mit dem Essen, dem Verdauen und dem wichtigsten, dem Atmen. Kein Kind braucht dafür in die Schule zu gehen, denn das Leben hat es ihm gelehrt. Der Körper hat eine eigene Intelligenz. Manchmal habe ich das Gefühl, wir sind uns dessen nicht mehr bewusst, weil es so selbstverständlich geworden ist. Ich erwähnte es schon mal, Oberflächlichkeit und Erleben.

Im Gegensatz zum Anbeginn des Menschen haben wir heute Schulen und Universitäten, Lehrer und Professoren, Lehrmeister und Geistliche. Kurz, wir haben Menschen mit dem Lehren beauftragt. Doch sind wir am Ende nicht alle Lehrer durch unser vorbildliches Verhalten? Und sollten es nicht gerade die Eltern sein? Und sollten wir nicht achtsam sein, was wir lehren? Oder sollten wir einfach nur lernen? Erfahrungen machen und Erkenntnisse gewinnen? Ich glaube, dass wir beides tun sollen und es ist nicht zeitlich begrenzt.

Heute entstehen immer mehr Institute und Einrichtungen, die Erwachsene lehren, bewusst zu leben. Yogaschulen, Wellness und ähnliche. Selbstverständlichkeiten in bewusstes Erleben zu wandeln. Sich wieder bewusst zu machen, das wir ohne atmen nicht leben können. Das wir Sauerstoff benötigen, um zu leben. Warum bringen wir dieses Bewusstsein nicht den Kindern bei, egal ob in der Familie, im Kindergarten oder der Schule? Warum verschmutzen wir die Luft in dem Maße, wie es zurzeit auf der Welt geschieht?

Hier meine Geschichte zum Thema „Atem". Im Alter von eineinhalb Jahren habe ich nicht mehr geatmet. Keiner kann mir bis heute sagen, warum ich das getan habe. Hätte mein Vater nicht geistesgegenwärtig reagiert, könnte ich diese Zeilen nicht mehr schreiben. Ganz deutlich gesagt, war ich nicht mehr in der Lage, die Atmung von alleine aufzunehmen. Ich befand mich im Übergangsstadium zum Tod. Vielleicht war ich es schon, keiner weiß genaues.

Meine Schwester erzählte mir, dass ich Zähne bekam und vermutlich Schmerzen hatte und vielleicht aus einem Schock heraus das Atmen eingestellt hatte. Ich fragte sie gezielt, wo denn die Mama war. Sie war nicht da. Heute frage ich mich, ob es sein könnte, dass ich mich an mein Geburtstrauma erinnerte, als meine Mutter im ersten stressigen Moment meines Lebens für mich nicht da war (ich schrieb darüber) und somit dieser Moment wieder zu einem stressigen Moment für mich geworden ist? Vielleicht fühlte ich mich einfach nicht beschützt? Schock wegen der fehlenden Mama? Verlustangst?

Zwei Erkenntnisse nehme ich aus dem vorherigen Abschnitt mit. Zu einem ist mir bewusst wie wichtig Sauerstoff und atmen ist. Zum anderen ist mir bewusst, wie Erfahrenes lehrt und das nicht nur bewusst, sondern auch unbewusst.

Und wenn wir bewusst unsere Kinder lehren, wie wichtig das Atmen und der Sauerstoff ist, werden sie uns fragen, warum wir die Luft so verschmutzen. Haben Sie, lieber Leser, eine **sinn**volle Antwort darauf? Können sie sich vorstellen, dass eine Reihe von Kindern dann anfangen, die Welt zu verändern? Ein Kind kenne ich, dass dies schon tut. Felix Finkbeiner mit seinem Baumprojekt „Plant for a Planet".

Wenn ich dann höre, dass Schüler beklagen, dass sie in den Schulen nicht unterrichtet werden, wie man ein Girokonto eröffnet und wie sich die Miete zusammensetzt, es sogar von der Politik eingefordert wird, frage ich mich allen Ernstes: „Wo setzen wir heute unsere Prioritäten?"

Da ich auch schon in der Finanzbranche gearbeitet habe, würde ich den Schülern folgendes zum Girokonto sagen: *„Wenn du kurz davor stehst, Geld zu verdienen, gehst du zu einer Bank, nimmst deinen Ausweis mit und fragst den Angestellten dort. Achte vorher darauf, dass du 18 Jahre alt bist, sonst kannst du darüber nicht alleine verfügen und deine Eltern werden mit ins Boot genommen. Achte bei der Bank darauf, dass sie dem Einlagensicherungsfonds angehört, damit dein Guthaben auf dem Girokonto, was du nie haben wirst, gesichert ist. Solltest du dein Konto überziehen, kann es dir mit dem Einlagensicherungsfonds egal sein, weil du gerade über Geld verfügst, was dir **nicht** gehört. Mache am besten keine Schulden, denn du wirst für die Zinsen arbeiten müssen, denn die Bank schenkt dir keine"*. Wenn die Schüler das nicht verstanden haben, hilft nur Selbsterfahrung.

Zum Thema Miete folgt von mir dann folgendes: *„Der Besitzer deiner angemieteten Wohnung hat das Recht* *pro qm einen bestimmten Preis zu nehmen. Dies entspricht der Kaltmiete. Dieser steht im Mietspiegel der jeweiligen Gemeinde oder Stadt. Die Miete setzt sich zusammen aus Kaltmiete und Nebenkosten. In den Nebenkosten sind enthalten, die Kosten für Heizung und Wasser, Müllgebühren, Grundsteuer, Wohngebäude- und Haftpflichtversicherung, eventuell Gartenarbeiten. Kleinreparaturen bis zu einem bestimmten Prozentsatz der Jahreskaltmiete gehen zu deinen Lasten. Die Stromkosten werden meistens direkt über einen Energieversorger deiner Wahl mit dir abgerechnet. Deine Miete solltest du aus deinen Einkünften bezahlen können ohne dein Girokonto zu überziehen, sonst bezahlst du wieder mit Geld, was dir **nicht** gehört. Bedenke, dass dir die Wohnung nicht gehört und du selbstverantwortlich sorgsam mit der gemieteten Sache umgehst und so verlässt, wie du sie anfänglich vorgefunden hast. Sollte ein bestehendes Gesetz etwas anderes sagen, beachte es nicht, denn das erspart Ärger und Gerichtskosten".* Punkt. Den Rest der Stunde erzählt dann jeder einen Witz, denn Lachen ist gesund.

Ich möchte an dieser Stelle noch mal an meine Ironie erinnern. Aber eins frage ich mich trotzdem. Wie haben meine Geschwister und ich es zu unserer Jugendzeit geschafft ein Konto zu eröffnen? Wie haben wir es geschafft, Miete zu bezahlen? Ich kann mich nicht erinnern, dass wir Girokonto- und Mietunterricht hatten.

Und eins frage ich mich inzwischen auch. Warum wird an unseren Schulen nicht das Fach „Liebe" gelehrt? Warum wird nicht das Fach „Glücklich sein" gelehrt? Doch es gibt langsam Bewegung dorthin. In 25 Ländern gibt es Projekte, die dies lehren. Es ist paradox, dass wir das, was uns Menschen positiv leben lässt, nicht lehren. Noch paradoxer ist, dass wir es nicht leben.

Lehren sie die Liebe ihren Kindern, dann brauchen wir da kein Schulfach von machen. Oder müssten Sie selbst erst einmal in die Schule gehen, um die Liebe zu lernen?

Und wenn Sie wollen, dass Kinder sich nicht weiter entwickeln, bringen Sie ihnen nur das bei, was Sie selber bisher erlernt haben. **Dies** passiert bei hochbegabten Kindern. Sie werden unterfordert und nicht dort gefördert, worin ihre Hochbegabung besteht.

Eine mir sehr vertraute Frau erzählte mir, dass sie mit 10 Jahren eine Magisterarbeit geschrieben hat. Das einzige, was sie zu hören bekam: „Das kann nicht sein, dass ein 10 jähriges Mädchen eine solche Arbeit schreibt, die noch nicht einmal ein Lehrer zu Stande bekommen hätte". Das war vor über 30 Jahren.

Heute weiß man über Hochbegabung viel mehr. Gott sei Dank. Denn am Ende ist es eine Verletzung der Würde dieses Kindes. Das Thema „Würde" kommt später. Es geht eben auch, dass wir Begabung aberziehen.

„Ich muss nicht jede Frage beantworten können". Da Kinder lernen möchten, stellen sie Fragen. „Wieso? Weshalb? Warum? Wer nicht fragt bleibt dumm" heißt es im Lied der Sesamstraße. Diese Fragen haben auch Sie als Kind gestellt und sind auch immer noch die meist gestellten Fragen. Wenn Sie mal eine Frage nicht beantworten können, seien Sie selbstbewusst und geben Sie es ehrlich gegenüber ihrem Kind zu. Deshalb sind Sie noch lange nicht dumm, sondern schlau. Das Leben ist paradox.

Wenn Sie dennoch eine Antwort geben, egal ob „falsch" oder „richtig", weil Sie sich vor ihrem eigenen Kind nicht blamieren wollen, wird ihr Kind ihre Antwort leben, denn Kinder haben Vertrauen und Glauben an ihre Eltern und überprüfen ihre Aussage, indem Sie ihre Aussage nachleben. Kinder wollen lernen, sonst würden sie nicht fragen.

Kinder fragen allerdings auch ohne Worte und schauen sich ihre Vorbilder an und **ahmen nach**. Deshalb seien Sie achtsam mit dem, was Sie tun. Kinder „fragen" lange Zeit bevor sie in der Schule sind und nehmen Sie als Lehrer.

Seien Sie sich bewusst, dass Sie die Erwachsenen von morgen erziehen. Wenn Sie den Kindern nicht **die** Regeln lehren, **die** für eine Gesellschaft wichtig sind und ihnen erklären, **warum** das Einhalten von Regeln wichtig ist, **wer** soll es dann machen? Und wundern Sie sich nicht, wenn Sie selbst die Regeln nicht leben, dass ihre Kinder es auch so handhaben.

Kinder beobachten, fühlen und ahmen nach. Und das nicht erst ab dem Moment, wenn das „Denken" beginnt oder in der Pubertät. Nein, von Anfang an und fühlen schon im Mutterlaib. Und das vielleicht schon als Eizelle? Was glauben Sie, wann das Vererben und das Übertragen von Gefühlen beginnt?

Sprüche und Weisheiten

Wer kennt sie nicht. Sprüche, die keiner braucht. Ich muss zugeben, dass sie auch mir aus meinem Mund geglitten sind. Heute achte ich mehr darauf und habe mir bewusst gemacht, wie verletzend sie sein können. Und erst recht, wenn jemand in seinem Selbstwert nicht stark genug ist. Der, der in seinem 100%igen

Selbstwert ist, dem gehen die Sprüche am sogenannten Popo vorbei. Und der, der behauptet einen hohen Selbstwert zu haben und dann bei einem Spruch in die berühmte Luft geht, belügt sich selbst.

Der „dümmste" Spruch, den ich je in meinem Leben gehört habe, ist folgender: „Roland, du bist zu gut für diese Welt". Soll das eine Aufforderung an mich sein, schlechter zu werden? Oder hat der, der diesen Spruch sagt, gemerkt, dass er schlechter ist wie ich? Sie wissen ja, wir vergleichen ständig. Und wenn er es festgestellt hat, warum wird er den nicht ein besserer Mensch? Oder sieht er die Welt als schlecht an? Oder glaubt er, dass das Paradies auf einem anderen Planeten ist, so wie es die Religionen immer erzählen?

Ein weiterer „dummer" Spruch: „Du musst manchmal die Faust in der Tasche lassen". Wir werden alle mit Situationen konfrontiert, die uns wütend machen. Der Spruch fordert Sie auf, die Wut in ihrem Innern zu lassen. Wenn Sie vergessen, die Wut aus der Tasche zu entlassen, werden Sie sie irgendwann an einer anderen Stelle los. Noch schlechter ist es, die gespeicherte Wut gegen sich selbst zur Wirkung kommen zu lassen. Ich bin der Meinung, dass man wirklich nicht zu jedem Thema etwas sagen muss, also Meinung in der Tasche lassen. Doch achten sie darauf, dass aus der Wut keine Faust wird, sonst gefährden sie den Frieden im Innern oder im Außen oder beides.

„Du musst Arbeit und Privates voneinander trennen". Ich bin „Arbeit" und ich bin „Privat". Wie soll ich mich denn teilen? Auf der Arbeit gut sein und im Privaten schlecht? Oder umgekehrt? Ich bin eins mit mir. Können Sie sich teilen? Ich glaube, ich bin zu „dumm" um diesen Spruch zu verstehen.

„Der Mensch ist eine Fehlentwicklung. Er macht alles kaputt". Wer dies sagt, hält sich selber für eine Fehlentwicklung. Ich tue das nicht. Haben Sie sich schon mal Ihren super komplexen Körper angesehen, in dem jedes Teile eine Aufgabe hat, diese ohne Worte erfüllt damit das große Ganze funktioniert? Der Körper ist sogar in der Lage, Giftstoffe (z. B. Adrenalin) zu entsorgen, weil wir sie täglich aufnehmen. Und das schon immer, sonst wäre der Körper so nicht gebaut. Wie kann da der Mensch eine Fehlentwicklung sein? Vielleicht ist die „Erziehung" die Fehlentwicklung?! Denken Sie bitte immer daran, dass jeder Fehler verändert werden kann, wie auch die Gedanken. Erziehung sind „Gedanken".

Sollte mal jemand merken, dass der losgeschickte Spruch einen anderen verletzt hat, dann hilft eine Entschuldigung, die vom Herzen kommt. Die andere Entschuldigung aus Höflichkeit und nicht ernst gemeint ist, kann man sich sparen, denn sie verletzt noch einmal.

Hier einige Beispiele für Weisheiten:

„Ihr braucht das Dunkel um das Licht zu erkennen". Wenn sie das Licht erkannt haben, nennt man das Ganze „Erleuchtung" oder „Mir ist ein Licht aufgegangen".

„Wenn ein ehrlicher Mensch einen Irrtum/Fehler erkannt hat, entledigt er sich seines Irrtums/Fehler oder seiner Ehrlichkeit". Erinnern Sie sich an Ursache und Wirkung. Nach dem erkennen folgt die Erkenntnis. Und Sie entscheiden, ob Sie die Fehler weiter machen oder ehrlich bleiben.

„Gott, gebe mir die Gelassenheit Dinge zu erkennen, die ich nicht verändern kann. Gebe mir die Kraft und den Mut, die Dinge zu verändern, die ich verändern kann. Und gebe mir die Weisheit, beides voneinander zu unterscheiden". Wenn Sie diesen Spruch annehmen bzw. darüber nachdenken, werden Sie hoffentlich feststellen, dass Sie Dinge nur an sich verändern können und nicht beim Anderen. Und zu unterscheiden, wer an dieser Stelle wer ist, ist doch sehr einfach oder? Oder wollen Sie den Anderen ändern, weil Sie in ihm Dinge erkennen, die Sie selber in sich tragen und nicht leiden können?

„In jedem Menschen wohnt der gute und der böse Wolf und es tritt immer der zum Vorschein, den man selber ruft". Aus jedem kann charakterlich alles werden. Die zwei Seiten sind in jedem Menschen vorhanden ohne Ausnahme. So auch in mir. Und ich entscheide, welchen Wolf ich rufe. Dessen bin ich mir bewusst und gehe deshalb sorgsam mit mir um. Und somit gehe ich auch sorgsam mit dem anderen um.

„Erst wenn der letzte Fisch gefangen, der letzte Baum gefällt ist, werdet ihr feststellen, dass ihr Geld nicht essen könnt". Diese Weisheit erklärt mir, dass es neben den materialistischen Dingen wichtigeres gibt. Dazu gehört auf jeden Fall die Liebe und der Respekt zu allem und nicht nur zu einem Teil, sondern zu **Allem**. Der Buddhist lehrt: „Werde eins mit allem".

„Der weise Mensch fragt: was habe ich zu der Situation beigetragen. Der Narr gibt dem anderen die Schuld". Es ist immer einfacher, jemandem die Schuld in die Schuhe zu schieben und sich nicht zu fragen, was man selber dazu beigetragen hat, dass diese Situation entstehen konnte. Der Weise übernimmt Verantwortung für sein Tun, der Narr gibt sie ab.

„Stell dir vor es ist Krieg und keiner geht hin". Stellen Sie sich dies einmal so vor, wie es dort geschrieben steht. Was würde dann passieren? Wir hätten Frieden. Doch weil einige sich das nicht vorstellen können oder auch nicht wollen, geht der Krieg nicht zu Ende, aus welchem Grund er auch geführt wird. Denn Sie brauchen für alles, was Sie tun einen Grund. Es kann wohl sein, dass ihnen der Grund ihrer Handlung nicht bewusst ist, doch nichts geschieht zufällig. Es sei denn, Sie erklären etwas zu einem Zufall, weil Sie selbst keine Erklärung haben.

„Wer nicht will, findet Gründe. Wer will, findet Wege". Im ersten Moment schockte mich diese Weisheit. Doch als ich über sie nachgedacht habe bzw. meinen Gedanken gelauscht habe, musste ich erkennen, dass sie wahr ist. Wenn ich etwas tue oder will, habe ich immer einen Grund, notfalls erfinde ich einen. Wenn ich etwas erreichen will, dann überlege ich, wie ich das schaffen kann.

„Rede nicht vor des Narren Ohren, denn er verachtet die Klugheit deiner Rede". Diese Weisheit fand ich in der Bibel, Sprüche Kapitel 23, Vers 9. Ein Spruch Salomons des Weisen. Achten Sie darauf, dass Sie kein „Narr" sind, sonst könnte es sein, dass Sie den „Klugen" die Würde nehmen. Wenn Sie **glauben**, die Bibel verachte die Menschen, könnte es sein, dass Sie es lediglich so gelesen haben.

„Ihr könnt genauso gut erwarten, dass die Flüsse rückwärts fließen, als das ein Mensch, der frei geboren wurde, damit zufrieden ist, eingepfercht zu leben, ohne die Freiheit, zu gehen wohin er beliebt". Freiheit ist das höchste Gut. Doch es geht nicht, über die Freiheit des anderen zu bestimmen.

„Sprache und Worte sind ein hervorragendes Instrument, wenn sie sich falsch verstehen wollen. Ehrliche Gefühle dagegen nicht". Warum reden, wenn es auch anders geht? Zeigen Sie doch ihre wahren Gefühle, aber bitte die Regeln einhalten. (Kapitel 10 kommt noch)

„Dem Intelligenten fällt es leicht, sich dumm zu stellen. Anders herum wird es schwierig". Denken Sie daran, für mich sind alle Menschen gleichwertig. Ich bin genauso „klug" wie Sie.

„Willst du etwas verändern, dann musst du akzeptieren". Dieser Spruch von Buddha beinhaltet die Wahrheit. Es liegt an einem selbst, die Weisheit in diesem Spruch zu entdecken, auch wenn es nicht leicht ist, seine eigene Situation zu akzeptieren. Es bedarf aus meiner Sicht die Akzeptanz um den Mut zu entwickeln, etwas zu verändern an sich selbst. Den Anderen darf ich nicht verändern, sonst nehme ich ihm den „freien Willen".

„Wer seinen wahren inneren Reichtum nicht erkennt, wird immer arm bleiben". Meine ehemalige Putzfrau (heute Raumpflegerin) antwortete mir eins, als ich mal vergessen hatte, abzuschließen und ich ihr sagte: „Da habe ich aber Glück gehabt, es ist nichts gestohlen worden", „Roland, das wichtigste kann man dir doch gar nicht stehlen, dein Herz". Allerdings vermute ich, dass sie nicht mein Körperherz meinte. Danke liebe Putzfrau oder wie man dich sonst bezeichnet. Ich sage ab heute „Engel" zu dir. Wissen Sie, was das deutsche Gesetz zu meiner Handlung sagt? „Verführung" zum Diebstahl. Da glaube ich doch lieber meiner Putzfrau.

„Der Mensch, der dir gerade gegenüber ist, ist immer der wichtigste". Sie kennen es vielleicht. Sie unterhalten sich mit jemandem bei Ihnen zu Hause. Es klingelt an der Tür oder das Handy klingelt. Sie öffnen oder gehen an Ihr Handy. Den „wichtigsten" Menschen haben Sie soeben verlassen, weil wir es so gewohnt sind. Der, der geklingelt hat, hat es nicht gesehen. Das stimmt. Doch Sie können ihm sagen, „ich kann gerade nicht" oder sie gehen einfach nicht an Ihr Handy, sonst könnte es sein, dass Sie gerade die Würde ihres Gegenübers verletzt haben. Der, der warten sollte, hat das zu akzeptieren, dass Sie gerade keine Zeit haben und hat nicht zu denken, dass Sie ein „Arschloch" sind. Er darf, denn die Gedanken sind frei.

Macht ausüben und mächtig sein

Die Macht hat zwei Seiten wie alles andere auch. Es ist ein Unterschied wenn ich Macht über andere ausübe oder die Macht habe, **mich selbst** zu kontrollieren. Wer Macht ausübt, kontrolliert die Anderen. Die Energie, die benötigt wird, um Macht auszuüben oder mächtig zu sein, ist in beiden Fällen die gleiche – einmal negativ, einmal positiv.

Wer Macht ausübt nimmt Anderen die Freiheit und sich selbst, weil er ohnmächtig wird gegen den ständigen Widerstand der Anderen, da er sein Ziel, alles unter Kontrolle zu haben, nie erreicht (ohne Macht – ohnmächtig). Auch wenn ich hier in der männlichen Form geschrieben habe, so trifft es für die weibliche Form ebenfalls zu.

Dies geschieht auch dann, wenn es sich um Situationen handelt, denen Sie nicht mächtig sind. Sie verfallen der Ohnmacht, der eine mehr, der andere weniger. Das ähnliche Prinzip ist beim „Burn out". Eine Situation oder ein anderer hat Macht über Sie und Sie sind der Lage nicht gewachsen.

Eine Abstufung finden Sie, wenn ihre Erwartungen an andere nicht erfüllt werden. Wollen Sie die Erwartungen der Anderen erfüllen? Nein? Ich hoffe,

Sie erwarten dann auch nichts von den anderen. Sonst ist die Beziehung nicht im Einklang. Ist ihre Antwort „ja", erfüllen Sie bitte jede Erwartung, die Andere von Ihnen haben. Dann ist der Gleichklang wieder intakt.

Ich möchte an dieser Stelle noch einmal betonen, dass es mir **nicht** darum geht, jemanden als Täter oder als Opfer zu bezeichnen. Und **bitte**, fühlen Sie sich nicht wie der eine oder der andere. Es geht lediglich um das Erkennen des Musters „Macht".

Wer mächtig ist gibt sich die Freiheit und somit auch jedem Anderen und ist machtvoll. Denn es gibt ein Gesetz was da heißt: „Wie man in den Wald hineinschreit, so schallt es wieder hinaus" oder „Auge um Auge, Zahn um Zahn" oder „ein Echo kommt immer zurück". Es ist wichtig dabei, sich an die erste Stelle des Satzes zu setzen und nicht den Anderen, da sonst der Sinn verdreht wird.

Eigentlich sollte der erste Satz heißen: „Wie **ich** in den Wald hineinschrei, so schallt es **mir** entgegen". „Wem **ich** ein Leid antue, dann kommt das Leid zurück". „**Ich** rufe und das Echo kommt zurück". Bevor Sie weiter lesen, nehmen Sie sich ein paar Minuten Zeit und lauschen Sie Ihren Gedanken, die gerade entstehen.

Gedankenpause

Wie **fühlen** sich ihre Gedanken an? Haben Sie sich aufgeregt und hat es Unruhe in Ihnen verursacht? Oder hat es Sie zu denken bewegt und sind dabei zur Ruhe gekommen? Wenn erstes war, dann sind Sie jemand, der eher dazu neigt, Macht auszuüben. Wenn zweites war, dann sind Sie jemand, der eher mächtig ist, weil sie sich nicht aus der Ruhe haben bringen lassen. Das Leben ist paradox.

Wenn sie jetzt das Gefühl auf verschiedene Lebenssituationen übertragen, dann wissen Sie jetzt, wann Sie Macht ausüben und wann Sie mächtig sind. Jeder, und somit auch ich, tun es und sind es. Der Eine mehr, der Andere weniger, denn kein Mensch ist perfekt.

Übertragen Sie dies im Umgang mit ihren Kindern. Liebe übt niemals Macht aus, Liebe ist mächtig und bedingungslos. In der Bibel, 1. Korinther Kapitel 13, steht geschrieben: „Und wenn ich mit Engelszungen redete und wüsste der Liebe nicht, klingt alles wie ein tönendes Blech".

Der Mensch, der Macht ausübt, steht übrigens ständig in Konflikt mit seiner eigenen Ohnmacht. Und wenn er weiterhin Macht ausübt, wird sich sein Konflikt niemals lösen. Nur eine Kehrtwende, ein vom Saulus zum Paulus werden, die rechte Backe auch noch hinhalten, ein verändern der Gedanken, bringt die Lösung des Konfliktes. Und wenn Sie sich jetzt dessen bewusst werden, werden Sie spüren und wahrnehmen können, wie sich ihre Konflikte lösen.

Es bedarf der Übung sich dessen bewusst zu werden. Nehmen Sie sich die Zeit, ihren Gedanken zu lauschen. 15 Minuten am Tag sind völlig ausreichend. Alles braucht seine Zeit, seien Sie geduldig mit sich selbst.

Es ist wichtig, immer alles aus der eigenen Sicht zu betrachten, sich in den Sätzen an die erste Stelle zu setzen und nicht den Anderen. Reden Sie in Ihren Sätzen mit „**Ich**" und nicht mit „**man**". Es ist wichtig, was **Sie** tun und nicht was andere tun. Sie sollen kein Egoist werden, sondern nur aus einer „Egosicht" betrachten. Wichtige Regeln im Umgang mit Menschen sind unberührt und sollen weiterhin beachtet werden.

Wer Macht ausübt, gibt dem anderen die Schuld, wer mächtig ist, übernimmt die Verantwortung für sein tun. Wenn Sie das tun, löst sich die Schuld auf. In der Bibel wird von einem Mann gesprochen, der genau das getan hat. Sein Name ist Jesus. Es wird zwar behauptet, er habe durch seinen Tod die Schuld der Menschen auf sich geladen. Das stimmt aus meiner Sicht nicht. Er hat etwas viel größeres gemacht, er hat die Schuld aufgelöst. Er hat uns gelehrt, wie das geht.

Jesus ist mächtig, er hat keine Macht ausgeübt, auch dann nicht, als andere ihn zum König erklärten (INRI). Die Inschrift entspricht nicht der Wahrheit. Er war weder König, noch war er Jude. Die Juden warten heute noch auf den „Erlöser", weil sie ihn aus „ihren Reihen" erwarten. Man nannte ihn „Nazarener", ein Volk zu Zeiten Jesus. Heute auch das Volk der „Essener" genannt.

Er hat nie behauptet, dass andere schlechter sind wie er selbst. Er hat lediglich den Machthabern die Stirn geboten. Bei ihm sind alle Menschen gleich und er respektierte den freien Willen des Anderen. Er ist der Erleuchtete und ein strahlendes Vorbild. Lesen Sie die Bibel, falls Sie sie lesen, zwischen den Zeilen, denn das Wort könnten Sie missverstehen.

Ich möchte an dieser Stelle etwas einfügen. Der völlig selbstbewusste Mensch ist mächtig, der nicht selbstbewusste Mensch übt Macht aus. Der selbstbewusste Mensch übernimmt Verantwortung für sein ganzes Tun, der nicht selbstbewusste Mensch überträgt seine Verantwortung auf andere. Ich möchte hier an dieser Stelle noch einmal erwähnen, dass das Leben paradox ist. Und ich mache hier auch **keinen** Menschen zum Sündenbock.

Liebe Leserin, lieber Leser, ich möchte ihnen anhand der Politik verdeutlichen, was vorher geschrieben steht. Die Politiker sind die Machthaber. Sie üben Macht aus in Form von Gesetzen, die einzuhalten sind. Ich werde hier nicht schreiben, ob Gesetze gut sind oder nicht, sondern es dient der Erklärung, wie Macht funktioniert.

Schauen Sie sich die Politik auf der **ganzen** Welt an. Überall dort, wo Macht ausgeübt wird und das auch in Form von Gewalt, wird nicht ein Konflikt gelöst. Die Machtausübung ist eine Dauerschleife geworden und somit Normalität. In Fleisch und Blut übergegangen. Wer angefangen hat, weiß inzwischen keiner mehr, doch sie wird gelehrt ohne dass es einem bewusst ist. Auch ich habe sie von meinen Eltern gelehrt bekommen ohne dass es ihnen bewusst war, denn auch ihnen wurde es so gelehrt.

Dort, wo Macht ausgeübt wird, kehrt sie wieder zurück durch andere. Auch wenn Politiker glauben, dass ihre Machtausübung die richtige ist, was auch immer das richtige ist, lösen sie keine Konflikte, im Gegenteil, sie kommen erst. Das Leben ist paradox.

In der Bibel steht dieses „Auge um Auge Prinzip" im Alten Testament beschrieben. Und damit dieses Prinzip der Machtausübung nicht bleibt, gibt es das Neue Testament, in dem Jesus uns geraten hat, die andere Backe hinzuhalten. Er meinte nicht, dass ich mich nicht wehren soll. Aber wenn, dann nur gewaltlos. Die Aussage mit der Backe ist sinnbildlich zu verstehen oder zwischen den Zeilen zu lesen, und nicht wörtlich gemeint. Der Sohn Gottes wandelte das Machtausüben in mächtig sein.

Solange menschliche Politiker, egal ob als Diktator oder als Demokrat, als Sozialist oder als Kommunist **oder** Menschen als Chef oder Angestellter, als Vater oder als Sohn, Mutter oder Tochter, Macht ausüben, bleiben Konflikte. Wer kennt nicht den Satz „Solange du deine Füße unter meinen Tisch stellst, geht es nach meinen Regeln". „Wenn du lieb bist, dann bekommst du.....". Machtausübung und wenig liebevolle Worte.

Damit wir Menschen Konflikte lösen können, haben wir die Instrumente der Vergebung und des Verzeihens bekommen. Die Vergebung hat etwas von dem „Backe hinhalten". In so manchen Fällen ist sie schwierig anzuwenden, gerade dann, wenn Missbrauch an Kindern begangen wurde oder Leid durch Krieg entsteht. Erst recht, wenn der „Missbrauch" an einem selbst stattgefunden hat. Und dennoch sind sie die einzigen Möglichkeiten, Frieden zu schaffen und das Auge um Auge Prinzip aufzulösen.

Im Vorwort schrieb ich: „Und sollte jemand vermuten, mein Leben wäre einfach verlaufen, da kann ich Ihnen sagen, dass dies nicht der Fall war". Mir ist bewusst, wie schwer es ist, Vergebungsarbeit zu leisten. Doch habe ich bei mir selbst angefangen, mir selbst vergeben und um Verzeihung gebeten für die Momente, in denen ich Macht ausgeübt habe.

Ich habe erkannt, dass meine Verlustängste oder anders ausgedrückt, meine Ängste etwas zu verlieren, Macht auf andere ausüben. Angst übt Macht aus über einen selbst oder über andere. Die Angst, dass mein

Kind nicht so wird wie ich gerne möchte, übt Macht aus. Und wenn die „Machtausübung" **nur** über Worte geschieht, so geschieht sie dennoch.

Dass die Angst Macht ausübt, kann ich ganz einfach erklären. Wenn Sie Angst vor etwas haben, dann tun Sie nicht das, was Sie eigentlich wollen. Wenn ein Soldat Sie bedroht, tun Sie nicht das, was Sie eigentlich wollen. Wenn ein Chef ihnen droht, Sie zu entlassen, tun Sie unter Angst nicht das, was Sie eigentlich wollen. Angst kontrolliert, so wie der Machthaber kontrolliert.

Und wenn Sie Angst haben, dass ihr Kind vom Baum fällt, wenn es hinauf klettern will, so werden Sie es äußern mit den Worten „pass auf", „sei vorsichtig", „du fällst runter" oder es sogar verbieten. So wie es ihre Eltern bei ihnen gemacht haben, als Sie Kind waren. Und ich möchte hier erwähnen, dass Angst haben und Acht geben nicht ein und dasselbe ist.

Und im Kleinen lernen Kinder wie das geht mit dem Machthaben, abgeguckt und übernommen von den Eltern oder anderen Personen. In einem Alter, in dem das Denken noch nicht entwickelt ist. Schutzlos für alle Erfahrungen und Eindrücke.

Mein Freund Hübi sagte zu mir: „Roland, Verletzungen am Körper heilen wieder. Aber die psychischen Verletzungen sind tausendmal schlimmer". Ich muss ihm Recht geben. Und wenn Sie jetzt mal an Situationen denken, in denen man Sie psychisch/seelisch verletzt hat, wie viele fallen Ihnen da ein? Lauschen Sie doch diesmal Ihren **Gefühlen**.

Liebe kann niemals verletzen. Liebe übt niemals Macht aus. „Und wenn ich mit Engelszungen redete und kenne die Liebe nicht, klingt alles wie Blech".

Der Musiker Dellé sagte auf einem Konzert zum Publikum: „Wenn ihr von euren Eltern keine Liebe bekommen habt, ist es kein Grund dafür, die Liebe nicht an eure Kinder weiterzugeben. Dies gilt nicht als Ausrede. Es ist immer wieder ein neuer Beginn".

Das Volk der Essener, die weit vor Christi Geburt und kurz danach lebten, wissen um die drei Bestandteile eines Menschen. Sie nannten es Gefühlskörper, Gedankenkörper und Materiekörper. Alle 3 entwickeln sich in verschiedenen Zeiträumen. Die Gefühle sind sofort da, Denken kommt später hinzu und mit 21 Jahren ist der Körper ausgewachsen.

Über meinen Professor Dr. Walter Kuehnegger weiß ich, dass die Knochen eines Menschen mit ca. 21 Jahren aufhören zu wachsen. Bis dahin kann man Fehlstellungen reparieren. Achten Sie daher darauf, wie Sie die Kinder mit Lasten beladen, wenn Sie in die Schule gehen. Und in der anderen Zeit bitte auch.

Regeln und Gebote

Regeln sind ein wichtiger Bestandteil, damit etwas funktionieren kann. Gebote sind ein soll, kein muss. Ihre Einhaltung ist sinnvoll, der freie Wille ist jedoch höher. Es muss auch so sein, da sonst keine freie Entwicklung stattfinden kann. Gesetze verbieten und nehmen dem „freien Willen" seine Entwicklungschance.

In dem Buch „Die Macht der Kabbala" habe ich eine sehr schöne Erklärung gefunden, warum es so wichtig ist, dass es Regeln gibt und sie natürlich eingehalten werden sollten. Stellen Sie sich ein Fußballspiel vor. Sie haben die besten Bälle, die besten Fußballschuhe, den besten Rasen und die besten Spieler.

Dann stellen Sie sich vor, es gibt keine Regeln und Sie sagen den Spielern, jetzt spielt mal Fußball. Was soll denn dabei herauskommen außer Chaos? Wie sollen denn die Spieler wissen, was sie tun sollen? Deshalb Regeln. Alle Spieler kennen diese Regeln. Sollte man meinen. Da frage ich mich wohl, warum es sooft Freistoß gibt, wenn doch alle die Regeln kennen?

Ich bin leidenschaftlicher Fußballer seit meinem 8. Lebensjahr. Ein Foul kann immer mal passieren, wenn der andere schneller war.

Doch die Hände benutzt man willentlich, wenn man seinen Gegenspieler festhält. Es ist keine natürliche Bewegung, sondern ein Gedanke muss dafür vorausgehen. Es sei denn, das Halten ist in Fleisch und Blut übergegangen. Aber bevor es in Fleisch und Blut übergeht, muss ich es erlernt oder mir abgeguckt haben. Nichts geschieht zufällig.

Es ist heute sogar inzwischen so, dass es ein **taktisches Foul** gibt und sogar eingefordert wird von Fans, Trainern und Vorständen. Ein Foul um dem Gegner an seinem Erfolg zu hindern. Willentlich ausgeführt, nur mit einer gelben Karte geahndet. So werden Regeln ausgehoben und aufgelöst. Wussten Sie übrigens, dass der Schiedsrichter, der nicht fehlerlos ist, keine gelben Karten zeigen muss, wenn sich alle an die Regeln halten?

Das einzige, was dann Spieler erklären: „ Es gehört zum Fußball dazu". Tatsächlich? Es ist ein Foulspiel. Geht es beim Foulspiel nicht darum, Macht über den anderen auszuüben? Ihn an seinem Erfolg zu hindern? Ihn zu schaden? Ich nenne dies Egoismus, aber nicht Fußball. Bedenken Sie, wenn Regeln ausgehoben werden, entsteht Chaos – mal weniger, mal mehr.

In der Bibel stehen Gebote, 10 an der Zahl. Ich muss zugeben, dass ich nicht alle direkt auswendig kann, doch einige von ihnen habe ich verinnerlicht. *„Du sollst nicht töten. Du sollst nicht lügen. Du sollst nicht ehebrechen. Du sollst nicht trachten nach des anderen Hab und Gut (also nicht stehlen oder neidisch sein). Du sollst kein falsches Zeugnis ablegen wider deines Nächsten (also etwas erzählen, was gar nicht stimmt und erst recht nicht, wenn du nicht dabei warst und es selbst erlebt hast)".*

Diese Gebote erscheinen mir total **sinn**voll, wenn ich sie **nach-**denke. Sie scheinen das Leben unter den Menschen zu vereinfachen. Mir ist es übrigens egal, dass sie in der Bibel stehen – mir ist wichtig, dass es sie gibt. Wenn ich sie einhalte, dann bin ich sehr fair zu meinen Mitmenschen, denke ich so bei mir. Regeln eingehalten - Foulspiel ausgeschlossen.

Übermitteln sie diese Gebote ihren Kindern? Wurden Ihnen die Gebote und deren tieferer **Sinn** übermittelt? Halten sie sich an die Gebote oder fällt es ihnen schwer? Wenn sie die Gebote nicht einhalten sollten, warum tun Sie es nicht? Weil die Anderen es auch nicht tun? Und die Vorbilder auch nicht?

Am Ende sind wir doch alle Vorbilder. Und wenn es ein Vorbild gibt, dann gibt es auch ein Nachbild. Und die Nachbildung wird wiederrum Vorbildung. Ursache und Wirkung, Saat und Ernte. Es ist kein Zufall, dass die Welt so ist, wie sie ist. Es ist kein Zufall, wenn ihr Kind auf die schiefe Bahn gerät. Da hat sich irgendjemand nicht an die Regel gehalten und somit die schiefe Bahn aufrecht erhalten. Am Ende sogar Sie selbst? Vielleicht sogar ich?

Kinder „ernten" übrigens auch dann, wenn Sie selber keine Kinder haben. Seien Sie sich Ihres Vorbildes bewusst und haben Sie den Mut, das zu verändern, was in ihrer Hand liegt. Dann haben Sie vielleicht mehr getan wie Machthaber, Politiker, Obrigkeiten oder Menschen, die vergessen haben, dass sie Kinder waren. Wie stand es noch mal geschrieben: „Wenn ihr nicht werdet wie die Kinder". Herr Grönemeyer möchte übrigens Kinder an der Macht sehen. Warum sollte er sonst davon singen?

Noch einmal ein deutliches Beispiel von Regeln und Geboten. Als Jesus sich vor Maria Magdalena stellte, um ihr Leben vor dem Tod durch Steinigung zu retten, wusste er ganz genau, dass es kaum einen Menschen gibt, der sich an die Regeln bzw. Gebote hält. Er wusste durch sein selbstbewusstes Auftreten, dass kein Stein geworfen werden kann. Heute wäre ich mir da nicht so sicher, ob einer nicht doch einen Stein schmeißt, auch wenn er ihn nicht schmeißen dürfte. Wenn die Gebote doch nicht bekannt sind?! Wenn Respekt nicht vorhanden ist?!

Und Jesus wusste noch etwas anderes. Er wusste, dass die, die sich an die Gebote halten, keine Steine schmeißen und somit nicht vor Ort sind. Und wenn ich heute diese Geschichte in meinem Bekanntenkreis erzähle, frage ich immer noch einmal nach, was er denn zu Maria Magdalena gesagt hat. Sie glauben gar nicht, wie viele es gar nicht wissen. Wissen Sie es?

„Gehe hin und sündige nicht mehr". Er hat beide Seiten gerichtet oder besser gesagt, in die richtige Richtung gedreht. Ich kenne kein besseres Vorbild wie ihn. Und auch er war nur ein Mensch, allerdings ein hochbegabter und hochsensibler Mensch.

Dies sind die zwölf Gebote, die Jesus lehrte:

- Ihr sollt nicht das Leben irgendeinem Geschöpfe aus Vergnügen nehmen noch es quälen. (Folter?)

- Ihr sollt nicht das Gut eines anderen stehlen, noch Länder und Reichtümer sammeln für Euch selbst über Eure Bedürfnisse und Euren Gebrauch.

- Ihr sollt nicht Fleisch essen noch Blut eines getöteten Geschöpfes trinken, noch etwas, welches Schaden Eurer Gesundheit oder Euren Sinnen bringt.

- Ihr sollt keine unreinen Ehen schließen, wo nicht Liebe und Gesundheit herrschen, noch Euch selbst verderben oder irgendein Geschöpf, das von dem Heiligen als rein geschaffen worden ist.

- Ihr sollt kein falsch Zeugnis geben gegen Euren Nächsten, noch mit Willen jemand täuschen durch eine Lüge, um ihm zu schaden.

- Ihr sollt niemandem tun, was ihr nicht wollt, was man Euch tue.

- Ihr sollt anbeten das eine Ewige, das VATER (Schöpfer) und MUTTER (Erde) ist im Himmel von dem alle Dinge kommen, und ehren Seinen Heiligen Namen. (und nicht missbrauchen)

- Ihr sollt Euren Vater und eure Mutter, die für euch sorgen, ehren, ebenso alle Lehrer der Gerechtigkeit.

- Ihr sollt die Schwachen und Unterdrückten und alle, welche Unrecht leiden, lieben und beschützen.

- Ihr sollt mit Euren Händen die Dinge erarbeiten, welche gut und schicklich sind. So sollt ihr essen die Früchte der Erde, auf das ihr ein langes Leben habt.

- Ihr sollt Euch reinigen alle Tage und am siebten Tage ausruhen von Eurer Arbeit, den Sabbat und die Feste Eures Gottes heiligen.

- Ihr sollt dem anderen tun, was ihr wollt, dass man Euch tue.

Wer glaubt, dass ich die Erziehung eines Kindes aus einer religiösen Sicht sehe, dem sage ich, dass es nicht so ist. Diese Gebote haben einen sinnvollen Hintergrund. Wer genau hinsieht und diese Gebote im Herzen spürt, wird feststellen, dass durch die Einhaltung eine Welt geschaffen werden kann, in der es wesentlich friedvoller und harmonischer zugeht, wie es war, wie es ist und wie es wird, wenn wir so weiter machen wie bisher.

Indianer lebten nach ihren Regeln und gaben sie an ihre Nachfolger weiter. Sie wussten, dass die Regeln bei Einhaltung zu innerer Ruhe führen und die

Gesundheit des Menschen erhalten. Hier ihre Regeln und ihre dazugehörigen Gedanken:

- **Stehen Sie** *mit der Sonne auf und beten Sie.*
  Beten Sie alleine. Eines Tages werden Ihre Gebete erhört werden.

- *Seien Sie* **Tolerant** *gegenüber* **denen***, die vom Weg abgekommen sind.*
  Unwissen, Ärger und Eifersucht kommen von verlorenen Seelen. Beten Sie, dass sie auf den richtigen Weg zurückkommen.

- *Finden Sie sich* **selbst***.(Selbsterkenntnis)*
  Erlauben Sie niemals den anderen Ihren Weg zu bestimmen. Ihr Weg ist Ihr Weg. Andere können mit Ihnen gehen aber keiner, außer Sie selbst, kann nach vorne schreiten.

- *Haben Sie* **Rücksicht** *gegenüber Gästen in Ihrem Haus.*
  Geben Sie ihnen Essen und ein Bett, seien Sie ehrlich und gerecht.

- *Nehmen Sie* **nie** *das was Ihnen nicht gehört, nicht von der Gesellschaft, der Natur oder anderen Kulturen.*
  Sie haben das weder verdient, noch geschenkt bekommen. Es gehört Ihnen nicht.

- **Ehren** *Sie* **alles** *auf der Erde.*
  Wie die Menschen so auch die Tiere und Pflanzen.

- **Achten** *Sie die Meinung von anderen, ihre Wünsche und Worte.*
  Unterbrechen Sie nie den anderen, solange er spricht, nehmen Sie ihm nichts übel und

verspotten Sie ihn nicht. Geben Sie jeder Person Recht auf die eigene Meinung.

- *Sprechen Sie **nie** schlecht von anderen.*
  Negative Energie, die Sie aussenden und noch in ihr Ihre Freude finden (Hohn und Spott), kommt verstärkt zu Ihnen zurück.

- ***Jeder** Mensch macht Fehler.*
  Jeden Fehler kann man verzeihen.

- ***Negative** Gedanken machen Körper, Seele und Geist krank.*
  Üben Sie sich in guten Gedanken, seien Sie optimistisch.

- *Die **Natur** ist nicht unser Eigentum, sie ist ein Teil von uns.*
  Die Natur ist ein Teil des Ganzen.

- *Die **Kinder** sind unsere Zukunft.*
  Führen Sie sie weise, pflanzen Sie ihnen die Liebe in die Herzen und lehren Sie sie über das Leben. Bis Sie wachsen geben Sie ihnen Raum zum Wachstum.

- *Verletzen Sie **nicht** das Herz der Anderen.*
  Das Gift dieses Schmerzes kommt zu Ihnen zurück.

- *Seien Sie **immer** ehrlich.*
  Erzählen Sie nie nur die halbe Wahrheit, sonst könnte die Wahrheit im falschen Licht stehen.

- *Bleiben Sie in Ihrem **inneren** Gleichgewicht.*
  Ihr mentales, geistiges, emotionales und körperliches „Ich" müssen gleich stark sein.

Wachsen Sie geistig um emotionale Wunden zu heilen.

- *Entscheiden Sie **bewusst** was und wie Sie sein wollen, wie Sie wirken und wie Sie hinter Ihren Taten stehen werden.*
  Übernehmen Sie Verantwortung für Ihr Handeln und machen Sie nicht andere dafür verantwortlich.

- ***Achten** Sie auf die fremde Privatsphäre und Privatraum.*
  Mischen Sie sich nicht in fremdes Eigentum, besonders nicht in die Gedanken des Anderen.

- *Seien Sie **selbstsicher**.*
  Sie können sich nicht um andere sorgen und anderen helfen, wenn Sie sich nicht um sich selbst sorgen und zuerst sich selbst helfen. (Liebe deinen Nächsten wie dich selbst)

- ***Achten** Sie fremde Glaubensüberzeugungen.*
  Zwingen Sie niemanden Ihren Glauben zu übernehmen.

- ***Teilen** Sie ihr Glück.*
  Glück kann nie verloren gehen, egal wie oft man es teilt.

Lauschen Sie einmal mehr ihren Gedanken und Gefühlen. Wer genau hinschaut findet zwischen den Zeilen Übereinstimmungen mit den Geboten Jesus. Diese finden Sie in vielen Büchern, Religionen und Philosophien. Alle Regeln fordern auf, **achtsam und verantwortungsvoll** mit **allem** umzugehen.

Buddhisten lehren Achtsamkeit und Wahrnehmung seiner eigenen Gedanken und führen Menschen durch

Meditation zur inneren Stärke. Der Dalai Lama fordert uns auf, Empathie zu entwickeln, um mehr Verständnis für den anderen zu gewinnen. Es ist die Kunst zu fühlen, **wie** der andere fühlt. Werden Sie „eins" mit allen Lebewesen.

Eine kurze Anmerkung von mir. Für mich sind Pflanzen ebenfalls Lebewesen, die lediglich keinen Laut von sich geben. Selbst dann nicht, wenn wir sie ernten. Deshalb verdienen sie genauso Beachtung wie alles andere auch, wohlwissend, dass ich sie als Nahrung benötige und sie mir als Speise dienen. Die Aborigines (Ureinwohner Australiens) entschuldigen und bedanken sich vor dem Essen bei den Tieren, die sie zur Stärkung seiner selbst verspeisen.

Mein allerliebster Professor Dr. Kuehnegger erzählte mir von dem Experiment bei der NASA, Pflanzen mit Musik zu beschallen, um das Wachstum zu fördern. Es gab schließlich mal den Gedanken, den Mond zu bevölkern und so machte man sich natürlich auch Gedanken, auf dem Mond Pflanzen wachsen zu lassen.

Bei dem Versuch stellte sich heraus, dass die Pflanzen darauf reagieren. Das beste Wachstum erzielte man mit der klassischen Musik von Mozart. Es gab auch eine Musikart, bei der die Pflanzen nicht wuchsen. Da soll noch einer sagen, Pflanzen seien keine Lebewesen. Sie reagieren auf die Schwingung.

Schönen Gruß an alle Vegetarier, die Fleischverzehr ablehnen **und** Fleischesser bekehren wollen. Ich entschuldige mich für meine Ironie an dieser Stelle. Ich erwähnte sie im Vorwort.

Fleischessern rate ich, „natürlich aufgewachsenes" Fleisch zu bevorzugen.

Glaube und Vertrauen

Glaube und Vertrauen sind die wichtige Voraussetzung, um optimistisch zu bleiben, egal wie es gerade um einen steht. Der Glaube an sich selbst lässt den Mut wachsen. Angst hat neben dem Vertrauen keinen Platz.

Zu meinem 50. Geburtstag schenkte mir die 17 jährige Tochter meiner damaligen Freundin einen Stein mit der Aufschrift „Glaube". Dazu schrieb sie: „Damit Du nie den Glauben an Dich selbst verlierst. Alles Liebe, Paula". Danke Paula. In meinem Herzen wird immer ein Platz für Dich sein.

Der Glaube findet sich nicht nur in den Religionen. Wenn Sie glauben, dass sie kein Brot mehr zu Hause haben, sind Sie im „Glauben". Wenn Sie glauben, ihr Hund muss noch mal spazieren gehen, sind Sie im „Glauben". Sie glauben gar nicht an, was man so alles glauben kann. Und manche „Glauben" an die Deutsche Bank. Erinnern Sie sich hier an mein „Vorwort".

Dem Wissen geht immer der „Glaube" voraus. Wenn Sie an etwas nicht glauben, werden Sie das Wissen darum nicht erfahren. Wenn jemand ihnen eine Geschichte oder eine Nachricht erzählt, und sie glauben diese nicht, (Sie werden dann äußern oder denken: „Das glaube ich dir nicht") dann wird ihnen das Wissen um die Sache verborgen bleiben. Selbst dann, wenn es die „Sache" tatsächlich gibt.

Sie können sich natürlich selbst von der Richtigkeit der Nachricht verge*wissern*. Eine Aussage zu überprüfen ist in manchen oder vielen Fällen sicherlich besser. Sie können aber auch vertrauen und an die Richtigkeit glauben.

Der Glaube hat der Wissenschaft schon immer geholfen. Wenn mein Professor und seine Wissenschaftskollegen der NASA nicht den Glauben und das Vertrauen gehabt hätten, eines Tages auf dem Mond zu landen, wären sie heute noch nicht da.

Er erklärte mir, dass erst die Idee oder der Gedanke da ist und der Glaube daran, bevor diese in die Tat umgesetzt werden kann. Glaube und Wissen hängt also irgendwie zusammen. Ich hoffe sehr, dass durch den Verlust des „Glaubens" das „Wissen" nicht verloren geht?

Im Glaubensbuch Bibel steht zu Anfang die Entstehungsgeschichte. Wer diese einmal genau liest, dabei die Zeit in Tagen weglässt und nur auf die Abfolge achtet, kann sehen, dass in der Bibel steht, was die Wissenschaft heute bewiesen hat.

Wenn ich jetzt „Adam" als die Urzelle betrachte oder auch „Eva", die sich in „Eva" oder auch „Adam" geteilt hat, dann hat sich der Schreiber doch nur um ein paar Millionen Jahren vertan oder es war ihm nur noch nicht bekannt. Vergessen Sie nicht, wann die Bibel geschrieben wurde. Da gab es die „Wissenschaft" von heute noch gar nicht.

Auf Seite 21 habe ich von der 17 jährigen Preisträgerin gesprochen. Ihre Eltern haben ihr Glauben und Vertrauen geschenkt. Wieviel Vertrauen haben Sie von ihren Eltern bekommen? Und die Eltern von den Eltern? Wieviel Vertrauen haben Sie in ihre Kinder?

Wenn Sie den Glauben und das Vertrauen in den „Menschen" verloren haben, ist es nicht mehr weit bis zu dem Spruch „der Mensch ist eine Fehlentwicklung". Und dann ist es auch nicht mehr weit bis zum

Pessimisten. Achten Sie bitte immer darauf, dass Sie immer für jemanden ein Vorbild sind, egal ob positiv oder negativ.

Wenn Sie ihrem Kind Glauben und Vertrauen schenken, dann kann ihr Kind seine eigenen Talente finden. Beobachten Sie ihr Kind und lesen Sie nicht irgendwo, welche Talente ihr Kind hat. Und fördern Sie nicht irgendwelche Talente, die Sie gerne von ihrem Kind hätten, es diese allerdings überhaupt nicht hat.

Lauschen Sie ihren Gedanken und fragen Sie sich, wenn Sie in eine solche Situation gekommen sind, ob man dies mit Ihnen auch gemacht hat? Ob Sie gerade Macht ausüben und somit nicht in der Liebe zu ihrem Kind sind?!

Hier möchte ich eine Geschichte anfügen, die ich in einem Buch gelesen habe. Der Titel des Buches lautet: „Auf der Suche nach dem verlorene Glück" von Jean Liedloff. Die Schriftstellerin hat mehrere Jahre bei Urwaldmenschen gelebt und sich immer gefragt, warum die Kinder dort glücklicher sind wie Kinder in der zivilisierten Welt.

In dem Stamm lebte ein Erwachsener, der nichts tat außer sitzen. Seine Mitbewohner beachteten dies nicht weiter und jeder andere ging seiner Arbeit nach. Und dann kam der Tag, an dem dieser Erwachsene doch auf einmal tätig wurde ohne das ihm irgendjemand was gesagt hat. Selbst der Stammeshäuptling wunderte sich, befand es aber als gut.

Im Stamm selber war dieser nach unserem Maßstab gesehene „Spätaufsteher" immer als vollwertiges Mitglied anerkannt, egal ob er etwas tat oder nicht. Er musste sich dort keine entwürdigende Verspottung anhören.

Ich bin mir sicher, dass sich die „Talente" eines Tages immer zeigen. Man sollte diesen Zeit geben, zu reifen. Geben Sie ihrem Kind die Zeit, die es braucht. Dazu gehört Glauben und Vertrauen. Ich bin mir sicher, dass kein Mensch geboren wird, um sein ganzes Leben nichts zu tun.

Saat und Ernte

In der Natur ist „Saat und Ernte" ein Gesetz. Wenn Sie Gras säen werden Sie keinen Porree ernten. Aus einem Apfelkern wird keine Eiche. Alles hat einen Ursprung, nichts entsteht aus dem Nichts.

Das „Nichts" gibt es nicht, und somit gibt es keinen Raum, der nicht gefüllt ist mit irgendetwas. Es kann wohl sein, dass wir „Nichts" nicht sehen können, aber dennoch ist etwas da. Gefühle können wir nicht sehen, und dennoch sind sie da.

Haben Sie schon einmal „Worte" gesehen? Sie haben sie lediglich gelesen oder gehört, aber gesehen? Doch die Wirkung der Worte haben Sie schon oft wahrgenommen. Ihr Gegenüber hat sie gesprochen. Saat (Gegenüber) und Ernte (Sie). Ursache und Wirkung – das gleiche Prinzip.

Deshalb gibt es keinen Zufall. Sie können sich vielleicht manches nicht erklären. Deshalb nennen Sie es „Zufall". Und selbst der „Zufall" ist dann zu Ihnen gekommen.

Machen Sie sich bewusst, dass Ihr Kind nicht rein zufällig so ist, wie es ist. Es ist schon so erzogen worden. Wenn nicht durch Sie, dann durch jemand anderen. Oder es hat etwas mitbekommen, obwohl Sie vielleicht dachten, es hat nichts gesehen.

Meine Eltern haben oft gestritten (ich gehe in einem anderen Kapitel noch darauf ein), das schon seit Anbeginn meines Lebens und sicher auch in „meiner" Schwangerschaft. In der Psychologie ist heute bekannt, dass schon die Schwangerschaft und die ersten Jahre das Kind fürs Leben prägen. Saat und Ernte ist nichts anderes.

Seien Sie achtsam, was Sie „säen", denn Sie werden „ernten". Wenn Sie lügen, werden Sie Misstrauen und Verachtung ernten. Auge um Auge, Zahn um Zahn. Vertrauen und Achtung können nur wieder hergestellt werden, wenn Sie für Ihre „Lüge" um Vergebung bitten, und der Andere Ihnen vergibt.

Wenn der Andere Ihnen nicht aus dem Herzen vergibt, bleibt negatives zurück. Vergibt der Andere und meint dies ehrlich, dann ist alles wieder im Lot. Erkennen Sie in allen Fällen „Saat und Ernte"? Lauschen Sie Ihren Gedanken und Gefühlen.

Wir Menschen wollen nicht beeinflusst werden, geschweige denn manipuliert. Diesen Zustand gibt es nicht. Sie können das Gesetz „Saat und Ernte" nicht aufheben. Wenn Sie dies wollen, kann es sein, dass ihre Gedanken keine Ruhe finden.

Den Zustand des „Beeinflusst werden" gilt es besser zu akzeptieren. Alles beeinflusst. Es kommt auf das „Wie" an. Sie können positiv und negativ beeinflussen oder sich positiv und negativ beeinflussen lassen.

Sie werden immer Einfluss auf Ihr Kind nehmen. Achten Sie auf das „Wie". Positive Regeln lassen positive Ernte entstehen, wenn sich an die positiven Regeln gehalten wird. Sonst werden aus den positiven „Regeln" negative „Regeln" oder anders ausgedrückt, es passiert ein Foulspiel.

Wenn Sie die Regeln nicht einhalten, macht ihr unschuldiges Kind, dass noch nicht denken kann, Ihren Regelverstoß unter Umständen zur „positiven" Regel. Der Verstoß wird „Normalität". Ich bitte Sie hier zwischen den Zeilen zu lesen und eine Gedankenpause zu machen. Ich bleibe dabei, Sie dürfen denken, was Ihnen gerade einfällt. Es sind Ihre Gedanken.

Es ist noch nie etwas aus heiterem Himmel gewachsen, außer der Beginn. Und es ist immer das gewachsen, was gesät wurde.

Gedanken und Realität

Alles was sie tun, machen sie aus einem Gedanken heraus – bewusst oder unbewusst. Sie bleiben nicht liegen, wenn sie gedacht haben „ich stehe jetzt auf". Sie bleiben liegen, weil sie gedacht haben „ein Viertel Stündchen geht noch" oder ähnliches. Wenn sie vorwärts gehen wollen und es gedacht habe, können sie nicht rückwärtsgehen.

Die meisten Gedanken machen wir aus dem unbewussten heraus und zwar dann, wenn wir uns an den Gedanken gewöhnt haben. Wenn sie den Gedanken verändern, ändern sie ihre Gewohnheiten. Lauschen sie am Tag 15 Minuten ihren Gedanken indem sie nichts tun außer Denken und Atmen. Sie können mit dieser Methode hinter **Ihre** Gewohnheitsgedanken kommen und nicht an meine.

Welche Gedanken kommen werden, weiß ich nicht. Es sind wie gesagt **Ihre.** Und wenn Sie dann mal einen Moment erwischen, in dem Sie gar nicht gedacht haben, dann sind Sie in der vollkommenen Ruhe.

Heute denken viele, dass die Zeit schneller vergeht, obwohl sie es gar nicht tut. Sie denken es oder manche glauben es im Gefühl zu haben. Beides sind Irrtümer. Doch es scheint, dass der „Ich habe keine Zeit"-Gedanke immer größer wird.

Ich habe das Gefühl, dass dieser Gedanke die Rücksichtslosigkeit fördert. Gerade im Straßenverkehr kann man es gut beobachten. An den Kassen im Discounter oder Einkaufsmarkt nehme ich die zunehmende Rücksichtslosigkeit ebenfalls war.

Die fehlende Zeit scheint dafür zu sorgen, dass immer weniger Menschen darauf achten, ob vielleicht ihr Einkaufswagen im Weg steht. Der Leistungsgedanke „Ich will erster sein" scheint ein weiteres zu tun. Die Wahrnehmung des „Anderen" fehlt scheinbar.

Kann es sein, dass wir uns zu Egoisten entwickeln? Und das alles nur aus den Zeit- und Leistungsgedanken heraus? Und kann es sein, dass wir dadurch auch keine Zeit mehr für unsere Freunde haben? Oder für die zu pflegenden Eltern?

Naja, bei den Eltern kann es auch sein, dass sie mich als Kind nicht würdevoll behandelt haben. Kann, muss nicht. Dann hat lediglich die „Ernte" länger gedauert.

Überlegen sie einmal für sich, also lauschen sie ihren Gedanken, ob ihre Gedanken Realität geworden sind. Haben sie schon einmal von der selbsterfüllenden Prophezeiung gehört?

Wir haben ein Problem. Unser Unterbewusstsein denkt und lenkt mit. Im Unterbewusstsein sind alle Eindrücke, die ein Mensch in seinem Leben erfährt und erlebt, gespeichert. Über unsere Sinne nimmt der Mensch **pro Sekunde** mehrere Tausend

Informationen auf. Das Bewusstsein, nennen wir es Gehirn oder Verstand, ist nicht in der Lage, diese in der Kürze zu verarbeiten.

Mit Information meine ich alles, was wir wahrnehmen können. Geräusche, Gerüche, Farben, Temperatur, Bilder, Geschmack, Symbole und vieles mehr. Diese Informationen werden in einem Teil des Gehirns, der Amygdala gesammelt (siehe Wikipedia oder Googlen sie einfach mal). So erkennen sie sofort blau, Fernseher, Töpfe, Handys etc. pp. Eigentlich erinnern sie sich, weil es ihnen schon mal in der Vergangenheit begegnet ist.

Was sie noch nie gesehen haben, macht sie neugierig, hat ihr Interesse geweckt. Gerade bei schweren Unfällen oder Katastrophen kommt diese Neugier zum Vorschein. Neugier ist sicherlich förderlich für das eigene Wachstum, aber in diesen Fällen völlig fehl am Platz. Sie ist ein **Fehl**er, denn sie ist **fehl** am Platz.

Passen sie auf, dass ihr „freier Wille" oder anders ausgedrückt, „ihr Gedanke des freien Willen" ihnen nicht im Weg steht und den Helfern ebenfalls nicht. Die Gedanken sind frei, deshalb werde ich ihnen nie sagen, wie sie denken sollen. Doch machen sie sich einfach mal Gedanken über ihre „Gedanken". Ich weiß, dass sie denken, denn sie können nicht anders. Wir Menschen sind gleich, doch **jeder** denkt **anders.**

So kann es natürlich sein, dass ihr Gegenüber „fremd" denkt, weil Sie seine Gedanken nicht kennen oder noch nicht gedacht haben. Seine Handlungen werden ihnen ebenfalls „fremd" vorkommen, denn Sie handeln immer aus Ihrem Denken heraus. Dennoch ist ihr Gegenüber ein Mensch wie Sie. Warum hören Sie auf ihre Vorurteile?

Ihr Gegenüber kann doch gar nicht dafür. Und dennoch haben Sie gelernt, Ihren Gegenüber zu beurteilen, zu vergleichen. Und wenn Sie nicht aufpassen, stecken Sie ihn in eine „Schublade" in die kein Mensch gehört. Noch krasser, wenn Sie wegen den Vorurteilen jemandem zum „Schuldigen" erklären. Kennen Sie das?

Ich inzwischen fast nicht mehr, denn ich habe **nach 55 Jahren** gelernt, Verantwortung für mein Tun bewusst zu übernehmen. Ich bin an jeder Situation beteiligt, egal ob man mich als 7 jährigen misshandelt hat, beim Schulschwimmen unter Wasser gedrückt hat oder Klassenkameraden mich in den Mülleimer gesteckt haben. Und als ich meine Mutter am Sterbebett gefragt habe, habe ich Verantwortung übernommen und den Dank meiner Mutter geerntet **ohne** dass ein „Danke" gefallen ist.

Heute weiß ich, dass ich für die Situationen in meiner Kindheit zu schwach war. Es fehlte mir an Selbstbewusstsein, an innerer Stärke, an Selbstwert und Selbstliebe. Naja, so habe ich als Kind gedacht und mein „Denken im Unterbewusstsein" hat meine Gedanken Realität werden lassen.

Die Gedanken sind frei. Doch denken Sie immer an die Regeln, damit Ihre „guten" Gedanken Realität werden.

Frieden und Krieg

Meine Eltern haben den 2. Weltkrieg erlebt. Meine Mutter ist 1924 geboren, mein Vater 1926. Meine Mutter kommt ursprünglich aus Schlesien, mein Vater aus Ostpreußen.

Meine Mutter war von 1945 bis 1949 in Sibirien in russischer Gefangenschaft, sozusagen im Alter von 20 Jahren aufwärts. Meine Mutter war bildhübsch, mal abgesehen davon, dass **jeder** bildhübsch ist. Was in Gefangenschaften geschieht, ist heute schon längst bekannt. Meine Mutter hat damals geschwiegen.

Mein Vater war Soldat im Krieg. Wer rechnen kann, weiß wie alt mein Vater 1945 war. Doch er musste schon Ende 1943 kämpfen. Damals war man übrigens mit 18 nicht volljährig, sondern erst mit 21. Somit war mein Vater ein Jugendlicher. Auch er hat geschwiegen.

Doch es kam der Tag, da hat mein Vater gegenüber mir das Schweigen gebrochen und erzählte von einer Schlacht, an der er beteiligt war. Es war kurz vor Ende des Krieges, als er mit seiner Kompanie in einem Kloster auf dem Berg stationiert war. Sein vorgesetzter Lieutenant hatte am Abend ein komisches Gefühl und befahl am Fuße des Berges zu übernachten.

In der Nacht wurde das Kloster durch alliierte Flugzeuge in Schutt und Asche gelegt. Dank des Lieutenants **lebe ich** heute. Doch die Geschichte geht weiter. Am nächsten Morgen gingen mein Vater und seine Kameraden wieder in das zerstörte Kloster.

Dann kamen die alliierten Soldaten, um zu sehen, ob jemand den Bombenangriff überlebt hat. Um nicht selbst zu sterben, erschossen mein Vater und seine Kameraden die „feindlichen" Soldaten. Ich habe meinen Vater noch nie so viel weinen sehen wie an diesem Tag.

Ich weiß **nicht**, auf welcher Seite mein Vater stand. Ob auf der „bösen" oder auf der „guten" Seite. Ich weiß nur eins, ohne ihn gebe es mich **zwei** Mal nicht.

Keiner von meinen Freunden hätte mich je kennen gelernt, keiner hätte je mit mir lachen können. Warum meinen Vater verurteilen? Er litt doch schon selbst. Es kommt immer alles zurück, manchmal nur auf eine andere Art und Weise.

Und wenn es mich nicht gäbe, sehe die Welt anders aus. Und ohne **Sie** sehe die Welt ebenfalls anders aus. Für andere war mein Vater „böse", denn er hat anderen den Vater, den Sohn genommen. Das ist Fakt. Und wenn er dies gewollt hätte, wären keine Tränen beim Erzählen seiner Geschichte geflossen.

Jeder prägt mit seinem „Tun" die Welt, im Kleinen, wie im Großen. Mit welchem Recht bezeichnen wir jemanden als „böse", wenn wir doch gar nicht wissen, welcher Weg ihn dahin geführt hat? Ist es das „Recht" des Vorurteils?

„Ich kämpfe niemals wieder" sagte einst der Indianer Chief Joseph, Häuptling der Nez Percé, bei der Kapitulation vor den Soldaten. Er erkannte, dass „Kämpfen" **keinen** Sinn macht.

Mein Vater trank sehr viel Alkohol und rauchte über 60 Zigaretten am Tag. Der Alkohol um zu verdrängen, die Zigaretten um die Nerven zu beruhigen. Ich erwähnte im Kapitel „Saat und Ernte", dass sich meine Eltern oft stritten. Meistens wenn mein Vater betrunken nach Hause kam.

Eins weiß ich genau. Meine Eltern konnten die Kriegszeit nie vergessen und das was sie erlebt haben. Ich bin mir nicht sicher, ob mein Vater betrunken meine Mutter an den ein oder anderen russischen Soldaten erinnerte aus dem Unterbewusstsein heraus.

Heute erzählt mir mein 89 jähriger Onkel etwas mehr darüber. Vor allem, wie er als Flüchtling nach dem Krieg von Schlesien nach Oldenburg kam und mit seinem etwas älteren Bruder ausgehungert um Unterkunft in einem neuen zu Hause hoffte. Und dann sagt er: „Roland, dass ist mit den Flüchtlingen heute doch genauso wie früher. Es hat sich nichts geändert".

Frieden kann es nur geben, wenn der Krieg beendet wird. Es gibt Menschen, die sagen, dass wir weniger Kriegsschauplätze haben wie früher. Das kann sein, aber wir hatten noch nie so viele technisch gute Waffen mit großer Sprengkraft wie heute.

Die Folgen sind immer noch die gleichen wie früher – tief verletzte Seelen und entwürdigte Menschen. Die Würde **aller** Menschen ist unantastbar. „Frieden" hat es in der Menschheitsgeschichte noch nie gegeben. Nur weil er noch nie da war, heißt es nicht, dass es ihn nicht gibt.

Finden Sie den Frieden in sich selbst, bevor Sie andere zum Frieden bewegen wollen. Denken Sie an die Regeln und verinnerlichen diese. Der Krieg ist die Schattenseite des Friedens. Es können beide Seiten vorhanden sein, aber es ist nur eine beständig. Es liegt in Ihrer Macht, in Ihrer Verantwortung und in Ihrem Denken welche Seite sich zeigt.

Jeder Mensch hat seine Schattenseiten, ich auch. Ich habe in meinem Leben meine Schattenseiten kennen gelernt. Ich habe lernen müssen, sie zu akzeptieren und sie anzuerkennen. Und dann habe ich begonnen, diese Schattenseiten nicht mehr erscheinen zu lassen, wohlwissend, dass sie weiterhin in mir sind. Ich habe gespürt, dass ich dadurch jeden neuen Tag ein besserer Mensch geworden bin. Schritt für Schritt, wie ein Kind, das Schritt für Schritt lernt und jeden Tag ein „besserer" Mensch wird.

Wenn Sie **versuchen** jeden Tag ein „besserer" Mensch zu werden, wird Ihre „schlechtere" Seite automatisch weniger. Denn in einem Moment kann es nur eine Seite geben. Die andere Seite ist in dem gleichen Moment nicht da. Das hat das Prinzip der Dualität so an sich.

Ein „besserer Mensch" ist nicht besser wie ein „schlechterer Mensch", er ist nur in seiner Entwicklung weiter. Wenn Sie hier eine Bewertung reinlegen, dann ist der andere im Wert nicht mehr gleich. Deshalb tun Sie **nie** etwas, von dem Sie nicht möchten, dass es Ihnen angetan wird. Denken Sie an die Regel.

Es gibt eine Kommission, die Regeln festlegt, oder es zumindest versucht, dass ein Krieg nach moralischen Regeln geführt wird. Man macht die „Kriegsführer" immer wieder darauf aufmerksam, dass die Unbeteiligten, also die Zivilbevölkerung, nicht getötet werden soll, um den Krieg unbeschadet zu überleben.

Es wäre „schön", wenn nur die Soldaten im Krieg umkommen und Kinder, Ältere und Mütter am Leben bleiben. Vergessen die Teilnehmer eigentlich dabei, dass die Soldaten Kinder, Frauen und Angehörige haben?! Wenn der Vater getötet wurde, sollen die Kinder da sagen: „Schön, dass ihr mich am Leben gelassen habt". Bitte berücksichtigen Sie meine Ironie an dieser Stelle.

Ich würde der Kommission und den Waffenentwicklern empfehlen, dass nur die „Bösen" getötet werden und dies auch so festgeschrieben wird. Ich weiß zwar nicht, wie das gehen soll, aber ich kann ja mal meinen

Gedanken aussprechen. Sie wissen ja, Gedanken sind frei.

Um meine Gedanken und Sichtweise an dieser Stelle klar auszudrücken. Wenn ich dieser Kommission angehören **Würde**, dann steht in diesem Papier: „Ich will, dass **kein** Mensch, **kein** Tier oder sonstiges **fremdes** Eigentum zerstört wird".

Wenn Sie jetzt **meine** Gedanken verstanden haben, dann wissen Sie jetzt, warum **ich** nicht in dieser Kommission bin. Dann wissen Sie jetzt, warum ich meinen Wehrdienst verweigert habe. Ich habe meinen Wehrdienst nicht verweigert, weil ich Menschen nicht helfen will oder eine „feige Sau" bin oder ich Disziplin nicht lernen wollte. Das dürfen Sie denken, aber so ist es nicht.

Haben Sie schon mal daran gedacht, wieviel Energie benötigt wird, um Kriege zu führen, um Waffen herzustellen, um Häuser und Infrastruktur nach einem Krieg wieder aufzubauen? Warum kommt das bei den Überlegungen des Klimaschutzes nicht vor?

Mut und Angst

Es gehört eine gehörige Portion Mut dazu, gegen den Strom zu schwimmen. Widerstand gegen sich selbst zu leisten, wenn das Stück Schokolade im Regal liegt und ruft: „Bitte kaufe mich, ich bin doch so lecker". Und es gehört jede Menge Mut dazu, es dort liegen zu lassen, wenn im eigenen Portemonnaie kein Geld ist, egal aus welchem Grund auch immer.

Die Reichen haben in dem Fall gut reden. Vielleicht haben sie ja nur vergessen, was teilen bedeutet. Es nutzt **Ihnen** nichts, wenn **ich** ein Hähnchen gegessen habe und die Statistik besagt, dass wir beide ein halbes gegessen haben. Ist tatsächlich zu wenig Nahrung auf der Welt? Oder ist es nur, weil die einen zu viel haben, weil sie nicht teilen?

Teilen heißt nicht, die Hälfte abzugeben. Teilen heißt für mich, soviel abgeben zu können, wie ich kann, ohne mir einen Schaden zuzufügen, sodass ich kein Geld mehr habe, mir Nahrung und Kleidung zu kaufen und mein Dach über dem Kopf zu bezahlen.

Deshalb bitte ich Sie, halten Sie sich an die Regel, immer nur ein „Schnapsglas" mehr zu haben, wie Sie tatsächlich benötigen. Ich erwarte es nicht von Ihnen, ich bitte Sie lediglich. Sie sind für ihr „Tun" verantwortlich, nicht die anderen und ich erst recht nicht.

Mut ist die andere Seite der Angst. Je mutiger, desto weniger Angst und umgekehrt. Wenn sie glauben, dass Angst ihr Leben schützt, dann glauben Sie das. Ersetzen Sie in dem Fall doch die „Angst" mit „Achtsamkeit".

Achtsamkeit mit sich selbst, Achtsamkeit mit den anderen. Achtsamkeit ist nicht die andere Seite der Angst. Die andere Seite der Achtsamkeit ist die Rücksichtslosigkeit. Beides hat nichts mit Angst oder Mut zu tun. Oder sehen Sie das anders? Verschiedene Meinungen dürfen sein.

Es gibt inzwischen Stimmen, dass es eines Tages Krieg um das Trinkwasser gibt. Haben Sie schon mal unseren Planeten genau betrachtet? Wasser ohne Ende. Okay, Salzwasser. Es gibt Entsalzungsanlagen. Okay vom Menschen verschmutzt. Es gibt Kläranlagen. Wieso also Angst haben, dass Trinkwasser zu knapp wird?

Hören Sie nicht auf die „Angstmacher" und schenken Sie ihnen keine Beachtung. Es könnte sein, dass die Gedanken Realität werden. Seien Sie mutig und optimistisch, dann kann Ihnen der „Angstmacher" nichts anhaben.

Wenn Ihnen einmal der Mut fehlt zu helfen, dann lassen Sie es. Dann tut es eben ein anderer. Sie sind deshalb **kein** „schlechter" Mensch. Sie können eben gerade nicht. Hören Sie nicht auf die, die Ihnen ein schlechtes Gewissen einreden. Hören Sie auf, es sich selbst einzureden. Am Ende könnte es sein, dass Sie nicht glücklich werden. Wollen Sie das?!

Wenn Sie sich von der Angst befreit haben und Sie spüren innere Freiheit, heißt es noch lange nicht, dass Sie Ihre gewonnene Freiheit sofort leben werden. Gewöhnen Sie sich erst einmal daran.

Georg Danzer, österreichischer Liedermacher, besang die „Freiheit" schon in den 70er Jahren. Hier sein Text dazu:

Vor ein paar Tagen ging ich in den Zoo
Die Sonne schien, mir war ums Herz so froh
Vor einem Käfig sah ich Leute stehn
Da ging ich hin, um mir das näher anzusehn

Nicht Füttern stand auf einem großen Schild
Und bitte auch nicht reizen, da sehr wild
Erwachsene und Kinder schauten dumm
Und nur ein Wärter schaute grimmig und sehr stumm

Ich fragte ihn, wie heißt denn dieses Tier?
Das ist die Freiheit, sagte er zu mir
Die gibt es jetzt so selten auf der Welt
Drum wird sie hier für wenig Geld zur Schau gestellt

Ich schaute und ich sagte, lieber Herr
Ich sehe nichts, der Käfig ist doch leer
Das ist ja gerade, sagte er, der Gag
Man sperrt sie ein und augenblicklich ist sie weg

Die Freiheit ist ein wundersames Tier
Und manche Menschen haben Angst vor ihr
Doch hinter Gitterstäben geht sie ein
Denn nur in Freiheit kann die Freiheit Freiheit sein.

Wahrheit und Lüge

Wie bei allen Dingen sind Wahrheit und Lüge die Gegensätze. Beides gibt es. Für mich ist die Wahrheit die beständige Form, die Lüge zerbricht, wenn sie herauskommt und zur Wahrheit wird. Somit ist die Wahrheit Realität und die Lüge eine Illusion. Und die Wahrheit kann nicht zur Lüge werden. Sie dachten vielleicht schon einmal, etwas wäre die Wahrheit und dann stellte es sich als Lüge heraus. Durch das Auflösen der Lüge gelangen Sie an die Wahrheit.

Die Liebe ist die Wahrheit. Hass, Zorn und Wut sind für mich Lügen bzw. Illusionen. Wenn wir die Liebe aufheben, bleibt Hass, Zorn und Wut. Wie lange glauben Sie, gibt es dann den Menschen noch? Doch wenn wir Hass, Zorn und Wut aufheben oder stark verringern, bleibt die Liebe. Deshalb ist sie die wahre Wahrheit.

Wie wohl jeder, so habe auch ich in meinem Leben schon gelogen. Naja, vielleicht war es eine indirekte Lüge, also nicht ausgesprochen.

In meiner Grundschulzeit hat mir meine Mutter jeden Tag ein Butterbrot geschmiert und in die Schule mitgegeben. Ich war zu dem Zeitpunkt ein "schlechter" Esser und aß die Butterbrote meistens nicht. Ich brachte sie in meinem Schultornister immer wieder mit nach Hause.

Ich habe diese Brote dann in einem unbeobachteten Moment im Abstellraum unter der Treppe im letzten Winkel versteckt. Ich kannte ja die Wut meiner Mutter, wenn sie mit meinem Vater stritt. Ich wollte das nicht erleben.

An einem Tag war es so, dass ich vergessen hatte, das Brot vom Vortag zu verstecken. Und als meine Mutter das neue Butterbrot in den Tornister legte, habe ich Blut und Wasser geschwitzt. Sie hat es nicht entdeckt. Zumindest glaube ich das.

Das Ganze zog sich über mehrere Monate. Die Anzahl der Butterbrote unter der Treppe wurde immer größer. Und dann kam es wie es kommen musste. Meine Mutter suchte etwas im Abstellraum. Das, was sie fand, waren die Butterbrote.

Ich befürchtete Schimpfe und Strafe und laute Worte. Doch nichts dergleichen. Sie war zwar etwas böse mit mir, aber das war es. Sie hat mich eben sehr geliebt. Ich habe nie mehr Butterbrote versteckt. Sie gab mir eins weniger mit und ich habe es gegessen.

Lügen kommen immer eines Tages an das Tageslicht. Deshalb sollen wir nicht lügen, denn die Lüge kommt irgendwie wieder zurück. In meinem Fall als schlechtes Gewissen. Die Wahrheit an der Geschichte, **nur** die Liebe meiner Mutter hat mich vor der Strafe bewahrt.

Lieben Sie Ihr Kind bedingungslos. Erzählen Sie ihm von den Regeln und wie wichtig es ist diese zu halten. Selbst wenn Ihr Kind irgendwo sieht, dass die Regeln gebrochen werden, gibt es keinen Grund diese ebenfalls zu brechen, egal ob es so aussieht, dass jemand daraus einen Vorteil hat.

Erläutern Sie Ihrem Kind, dass es kein Außenseiter ist, nur weil es nicht mit anderen Mitläuft. Es ist kein Außenseiter, weil es sich anders fühlt wie andere, es nicht so „schön" ist wie andere oder nicht die Kleidung trägt wie andere. Kein Mensch ist ein Außenseiter. Das ist eine Lüge. Die Wahrheit ist, er oder sie ist ein Mensch wie Sie und ich. Er oder sie ist nur unter anderen Umständen aufgewachsen.

Egal wie groß oder wie klein eine Lüge ist, sie bleibt eine Lüge. Lügner haben übrigens irgendwann Schwierigkeiten, ihre „Wahrheit" zu wiederholen. Denn sie müssen überlegen, was sie gesagt haben. Bei der Wahrheit muss man nicht lange überlegen.

Würde und Menschenrecht

Im Grundgesetz der Bundesrepublik Deutschland steht: „Die Würde des Menschen ist unantastbar". Anders herum gesagt, jeder Schaden, der Ihnen als Mensch zugefügt wird, nimmt Ihnen ein Stück Würde.

In den zwölf Geboten von Jesus ist die Erhaltung der Würde beschrieben. „Ich tue niemals jemandem etwas an, was ich nicht will, das er mir das gleiche antut". Wenn sie nicht wollen, dass jemand über sie schlecht spricht, dann reden sie nicht schlecht über andere. Sie nehmen ihm ein Stück Würde, egal ob Ihnen vorher die Würde genommen wurde.

Ich stelle mir die Würde des Menschen in tausend Teilen vor. Und immer, wenn mir etwas Schlechtes angetan wurde oder wird, geht ein oder mehrere Teile verloren, je nach dem Schadenereignis. Im Krieg wird den Menschen die Würde in großen Teilen bis ganz genommen. So geschehen bei meiner Mutter, die 4 Jahre in russischer Gefangenschaft leben musste. Heute wissen wir, was in Gefangenschaften passiert. Damals wurde geschwiegen, weil man dachte, es sei besser alles zu vergessen bzw. zu verdrängen und die nachfolgenden Generationen davon zu schonen.

Nebenbei erwähnt, ich habe den 2. Weltkrieg als Eizelle in meiner Mutter miterlebt. Und nicht nur ich, auch meine Geschwister. Denn alle Eizellen sind in der Frau angelegt. Sie wachsen nicht nach, sondern sind in den Eierstöcken schon vorhanden.

Ist einem einmal die Würde genommen, braucht es seine Zeit die Wunden zu heilen, denn sie sind nicht körperlicher Natur. Jede Vergewaltigung, jeder Missbrauch, jede Gewalt nimmt dem Menschen ein Stück Würde. Nehmen sie einem Menschen die Freiheit, geht wieder ein Stück verloren.

Es ist auch möglich sich seiner eigenen Würde zu berauben. Sie brauchen nur nicht pfleglich mit sich umzugehen. Das tun Sie allerdings meistens erst, wenn ihre Würde angekratzt ist.

Das Gute allerdings ist, dass man seine Würde wieder zurückbekommen kann. Sie ist nicht für immer weg. Am Sterbebett meiner Mutter gab ich ihr ihre Würde wieder, die ihr einst genommen wurde. Nicht wegen der Frage – ich erzähl am Beginn des Buches davon – sondern weil ich keinen Arzt gerufen habe, der alles getan hätte, um ihr Leben zu verlängern. Und meine Geschwister taten es ebenfalls nicht, damit unsere Mutter in Würde sterben durfte. Und alles ohne Patientenverfügung.

Sollte jemals ein Richter mich heute anklagen, weil ein Gesetz das so will, **„Würde"** ich meine Strafe absitzen. Denn an diesem Tag bekam auch ich ein Stück „Würde" wieder. „So wie ich in den Wald hineinschrei, so schallt es wieder zurück".

Mit Dankbarkeit würdigen Sie das, was der andere tut. Und wenn Sie es mal vergessen, dann holen Sie es doch beim nächsten Mal nach. Die Dankbarkeit können Sie in Worten ausdrücken, mit Gesten oder mit einem Lächeln, so wie es Ihr Kind tut, auch wenn es nicht „Danke" sagt.

Als Mensch habe ich das Recht auf ein würdiges Leben und ein würdiges Sterben. Denn Sie wissen ja, es gibt immer zwei Seiten. Als Mensch habe ich das Recht auf freien Zugang zu Wasser und fester Nahrung, denn ohne kann **kein** Mensch existieren. Als Mensch habe ich das Recht auf Natur in seiner ganzen Vielfalt.

Als Mensch habe ich das Recht auf freie Meinungsäußerung, aber **kein** Recht, dass irgendjemand meine Meinung lebt und befolgt. Als Mensch habe ich das Recht meinen Wohnsitz frei zu wählen. Dies sind universelle Gesetze und nicht das Gesetz eines einzelnen Staates.

Mein lieber Freund Hübi sagt: „Jeder hat das Recht auf Liebe". Meine gute Freundin Eleonore sagt: „Das Menschenrecht ist nicht diskutierbar". Ich sehe das genauso und immer wissend, dass die zusätzlichen Gebote und Regeln einzuhalten sind.

Tagtäglich gibt es Verletzungen der Würde. Auch ich nehme mich da nicht aus. Doch ich werde mich in Zukunft weiter bemühen, die Würde eines Menschen nicht mehr zu verletzten. Ich werde mich bemühen, jeden Tag ein besserer Mensch zu werden, egal wieviel Entwürdigung mir angetan wurde.

Wenn sie die Wahrheit erzählen und man glaubt ihnen nicht – die Würde des Menschen ist unantastbar.

Wenn sie einen Menschen belügen – die Würde des Menschen ist unantastbar.

Wenn sie etwas über jemanden erzählen, von dem sie gar nicht wissen ob es stimmt (also spekulieren oder vermuten)– die Würde des Menschen ist unantastbar.

Wenn ein Schiedsrichter während des Spiels einen Fehler gemacht hat und er anschließend beleidigt wird – die Würde des Menschen ist unantastbar.

Wenn sie am Fenster eines fremden Hauses vorbeigehen und erzählen, was sie gesehen haben – die Würde des Menschen ist unantastbar.

Wenn sie anders Denkende verurteilen dank ihrer Vorurteile – die Würde des Menschen ist unantastbar.

Wenn sie über jemanden spotten – die Würde des Menschen ist unantastbar.

Wenn sie jemandem die Wahrheit vorenthalten weil sie glauben, dass derjenige zu jung ist – die Würde des Menschen ist unantastbar.

Wenn jemand sein gesamtes Privatvermögen offen legen **muss** – die Würde des Menschen ist unantastbar.

Wenn sie einen behinderten Menschen anders behandeln wie einen „normalen" Menschen – die Würde des Menschen ist unantastbar.

Wenn ein Obdachloser eine Schlafstätte gefunden hat, um zu schlafen und von dort weg gejagt wird – die Würde des Menschen ist unantastbar.

Wenn jemand von ihnen erwartet, dass sie mit einem Mindestlohn auskommen müssen und selbst die Not nicht kennt – die Würde des Menschen ist unantastbar.

Wenn Ihnen jemand etwas verspricht und es nicht hält – die Würde des Menschen ist unantastbar.

„Wir wissen nicht, was wir tun". Irgendwo habe ich diesen Satz schon mal gehört!

Alles ist vielleicht nur ein Mosaikteil. Ein Mosaikteil hier, ein Mosaikteil dort. Und ehe Sie sich versehen ist ihre **Würde** weg. Manche leben schon so lange damit, dass sie sich an ihr „würdeloses Leben" gewöhnt haben. Und vielleicht ist es schon zu einem Zeitpunkt geschehen, an den Sie sich noch gar nicht erinnern können und noch nicht in der Lage waren, sich zu wehren – als Baby und als Kind. Vielleicht schon als Embryo oder als Eizelle??? Hat ein Embryo schon eine Würde???

Die Würde ist für mich ein Gefühl. Es ist für mich das Gefühl, akzeptiert zu werden, respektiert zu werden, wahrgenommen zu werden. Immer wenn Sie jemanden nicht akzeptieren wie er ist, ihn nicht respektieren und ihn **übersehen**, haben Sie dessen Würde verletzt.

Die „Würde" können Sie gleich setzen mit „Selbstbewusstsein, Selbstliebe, Selbstwert". Das Wort „Selbstbewusstsein" können Sie auch so schreiben: „Selbst bewusst sein". Lassen Sie den Unterschied mal auf sich wirken.

Schuld und Vergebung

Wenn Sie jetzt erkannt haben, wie schnell die Würde eines Menschen verletzt werden kann und Sie wissen, dass die Würde ein Gefühl ist, hilft sicherlich kein Pflaster. Diese Wunden können jedoch geheilt werden. Das Pflaster der „Vergebung" heilt diese Wunden. Auch wenn es länger dauern kann. Es kann aber auch schnell gehen. Die Kinder machen es uns vor. Ich erzählte davon, dass Kinder nach 5 Minuten wieder zusammen spielen.

Wenn Sie nicht vergeben, bleibt die Schuld erhalten. Sie wissen ja, alles hat zwei Seiten und eine der zwei Seiten ist immer da. Wenn Sie merken, dass Sie jemandem die Würde genommen haben, wird die Situation durch das Bitten um Verzeihung und dem anschließenden Vergeben durch den Verletzten aus der Welt geschafft. Dieser Akt funktioniert nur, wenn Sie es ehrlich meinen und wenn er von Herzen kommt.

Und jetzt kann es schwierig werden. Je größer die Verletzung ist, umso schwerer wird das Vergeben. Manchmal ist Ihnen vielleicht auch gar nicht bewusst, dass Sie jemanden verletzt haben. Dann bitten Sie auch nicht um Vergebung. Nur der, der verletzt wurde, der fühlt und spürt es irgendwie. Die Situation bleibt in ihrem Unterbewusstsein gespeichert.

In dieser Situation entstehen negative Gefühle, negative Energien. Egal wie Sie es nennen, es bleibt etwas „stecken". Doch Sie können die negativen Energien wandeln in positive. Durch die „Vergebung" geschieht dies. Aus ihrem „Feind" wird ein „Freund". Deshalb sagte Jesus. „Liebet eure Feinde". Wenn Sie das tun, haben Sie keine Feinde mehr. Sie lösen sich auf. Der „Kampf" hat ein Ende.

Natürlich kann immer wieder ein neuer „Feind" kommen, doch entlassen Sie ihn einfach als „Freund". Vergeben Sie ihm oder ihr. Und wenn es beim ersten Mal nicht gelingt, ist dies kein Weltuntergang.

Versuchen Sie es immer wieder. Sonst bleibt die negative Energie in Ihnen und stört ihren positiven Energiefluss, ihren positiven Geist, ihr Qi (Lebensenergie), ihrer Gesundheit.

Unter den Teppich kehren ist übrigens keine Lösung. Verdrängen ebenfalls nicht, sonst greifen Sie unter Umständen zu den Mitteln, die ihnen helfen sollen, zu verdrängen. Und die Bosse **freuen** sich.

Und als ich gerade diese Zeilen schreibe höre ich ein Lied von Bob Marley, einem Mann mit langen strohigen Haaren, dessen Haut schwarz ist. Der Titel lautet: „Running away". Sein Text in Deutsch: „Du rennst und rennst und rennst, aber du kannst nicht vor dir weglaufen".

Meine Übersetzung: „du kannst versuchen zu verdrängen und zu verdrängen und zu verdrängen, es wird dir nicht gelingen". Wir sitzen **alle** in **einem** Boot. Wir Menschen sind **gleich**. Wir sind **gleichwertig**. **Niemand** ist anders.

Wir haben als Menschen gelernt immer einem die Schuld zu geben und meistens ist es der Andere. Warum bezeichnen wir die „Schuld" nicht als „Fehler", damit derjenige die Chance bekommt, den „Fehler" zu bereinigen?

In einem Stamm afrikanischer Ureinwohner handhabt man die Vergebung folgendermaßen. Wenn jemand eine Regel des Stammes bricht, wird er in die Mitte gerufen und alle anderen tanzen um ihn herum und beschimpfen ihn dabei, während derjenigen kauernd am Boden sitzt. Danach ist ihm bewusst, eine Regel gebrochen zu haben. Nachdem nun lange genug auf ihn „eingeredet" wurde, nimmt man ihn anschließend wieder mit voller Freude im Stamm auf und er wird nicht ausgeschlossen. Und dann nennen wir diese Menschen „Primitive"!

Eine Vergebungsgeschichte aus meinem Leben. In meiner Schreinerlehre 1982 kam es dazu, dass mich mein Meister geschlagen hat. Ich war mir keiner Schuld bewusst, es traf mich aus heiterem Himmel.

Nach Feierabend fuhr ich zu einer Bekannten von mir. Sie kannte einen anderen Schreinerbetrieb und fuhr mit mir dahin. Der Rat, den ich bekommen habe: „Du bist kurz vor der Gesellenprüfung, schmeiß jetzt nicht unbedacht hin. Fahre morgen wieder dorthin und warte ab, was geschieht. Sollte er dich noch einmal schlagen, dann kommst du wieder und wir helfen Dir".

So fuhr ich selbstsicher am nächsten Morgen in meinen Betrieb. Außer ein paar harte Worte geschah nichts. Ich wusste, er kann mir nichts anhaben. Zum Glück gab es die sozialen Medien noch nicht. Ich hätte sicherlich tausend verschieden Ratschläge bekommen und ich hätte nicht gewusst, wie ich mich entscheiden soll.

Doch es geht weiter. Das Schicksal wollte es, dass ich meine Prüfung bestanden habe und somit mein Lehrlingsvertrag seine Gültigkeit verlor. Zu dem Zeitpunkt lag mein Meister mit einer gebrochenen Schulter im Krankenhaus. Ich war in dem kleinen Betrieb der einzige mit Führerschein.

Da stand ich nun an seinem Krankenbett, um mit ihm darüber zu sprechen, ob ich als Geselle bleibe. Was glauben Sie, wie ich mich entschieden habe? Wie hätten Sie entschieden?

Ich bin geblieben und später hat sich meine Entscheidung für mich als richtig herausgestellt. Selbst als ich nicht mehr als Schreiner tätig war, dürfte ich die Maschinen benutzen um einen Teil meiner Möbel selbst zu fertigen, kostenlos.

Selbst als ich ihn Jahre später in der Werkstatt besuchte, spürte ich seine Dankbarkeit für die Tat, die ich in seiner Notlage getan habe. Und nur, weil ich ihm damals am Krankenbett vergeben habe. Streit hat es zwischen uns **nie** mehr gegeben.

Vergeben lohnt immer. Und wenn es für den eigenen Frieden ist. Und manchmal kommt der Lohn erst später, dazu braucht es die Geduld, den Glauben und das Vertrauen.

Wenn Ihnen trotz allem ein „Feind" begegnet, gehen Sie ihm aus dem Weg und schenken Sie ihm keine Aufmerksamkeit. Kein Mensch kann von Ihnen erwarten, dass Sie sich dem „Feind" stellen müssen. Der „Feind" sucht genauso Beachtung wie Sie. Doch geben Sie ihm nicht die Chance durch seine Taten Beachtung zu finden, sonst wendet er sie immer wieder an.

Altes Wissen unverändert

Wenn ich anfange, über „Altes Wissen" zu schreiben, würde mein Buch 100.000 Seiten und mehr haben. Ich will mich nur auf ein Beispiel beschränken und dann einige bedeutungsvolle Namen nennen.

Zarathustra lebte 1.800 vor Christus in Persien, im heutigen Iran. Hier ein Auszug aus dem Internet zum Thema Gleichberechtigung von Mann und Frau, die Zarathustra lehrte:

„Dies ist umso beeindruckender, als dass andere Religionen die Empfehlungen Zarathustras nicht nur außer Acht ließen, sondern sogar gegen sie Stellung bezogen.
Geschichtliche Quellen informieren uns darüber, dass im großpersischen Reich Frauen unter dem Grundsatz der Gleichberechtigung der Geschlechter hohe Staatsämter inne hatten z. B. Groß-Admiral-Artemisia und sogar als Königinnen (Azarmidokht und Purandokht) die Geschicke ihres Landes in ihren Händen hielten.
Es ist auch bemerkenswert, dass z. B. der Mutterschutz keine Errungenschaft der Moderne ist, sondern bereits in der Achämenidenzeit z. B. beim Bau von Persepolis beachtet wurde.
Um die Bedeutung der Gleichberechtigung zwischen Mann und Frau ersichtlich zu machen, verweise ich auf das Ergebnis der UNO-Konferenz über die Bevölkerungsexplosion, die Ende 1994 in Kairo stattfand.
In dieser Konferenz wurde die Bevölkerungsexplosion zur größten Gefahr für die Menschheit erklärt und als wichtigster Weg dagegen die Gleichberechtigung von Mann und Frau genannt.
Wahrscheinlich deshalb, weil eine emanzipierte Frau nicht bereit ist, den Wünschen ihres Mannes nachzukommen und zahlreiche Kinder in die Welt zu setzen". (Quelle www.zoroaster.net)

Es gab immer schon Kulturen und Völker, deren Wissen sehr hoch war. Die Medizin ist durch die Griechen nicht wegzudenken. Die Pyramiden, zu deren Zeit nicht die technischen Mittel zur Verfügung standen, wie wir sie heute kennen. Und dennoch bleibt es ein Rätsel, wie die damaligen Architekten diese Bauten erstellen konnten. Sie kannten das Wissen der Mathematik. Nur keiner traut es ihnen zu. Warum eigentlich nicht?

Seefahrer, die ohne das technische „Navi" die Welt umsegelten, weil sie sich an den Sternen orientieren konnten. Wissen Sie heute noch wo Osten, Westen, Norden und Süden ist?

Pythagoras ist ein bedeutender Mathematiker neben so vielen anderen. Andere können ohne Taschenrechner nicht mehr rechnen. Albert Einstein warnte schon über den Gebrauch der Technik. „Wenn die Technik über das Denken der Menschen gewinnt". Lesen sie mal Zitate von Einstein.

Eines möchte ich hier von ihm schreiben: „Zwei Dinge sind zu unserer Arbeit nötig: Unermüdliche Ausdauer und die Bereitschaft, etwas, in das man viel Zeit und Arbeit gesteckt hat, wieder wegzuwerfen". Wenn der Mensch mit zu der Klimaveränderung beiträgt, dann lesen sie das Zitat doch mal genauer.

Hier einige bedeutungsvolle Namen: Buddha, Hermes Trismegistos, Plato, Sokrates, Jesus Christus, Maria Magdalena, Leonardi da Vinci, Michelangelo, Saint Germain, Rembrandt, Beethoven, Goethe, Schiller, Hölderlin, Nitsche, Karl Marx, van Gogh, Mozart, Gandhi, Martin Luther, Mutter Theresa und viele, viele andere.

Bedienen Sie sich des „Alten Wissen" aus dem geistigen Wissen und den Naturwissenschaften.

Liebe

Die wahre Liebe ist bedingungslos. Sie ist in jedem Menschen verankert und jedem Menschen bekannt. Anhand von Beispielen möchte ich ihnen zeigen, dass Sie die wahre Liebe kennen. Vorab Ein Brief, den ich mit 19 Jahren geschrieben habe und der verdeutlicht, wie lange ich gebraucht habe, die wahre Liebe zu erkennen. Ob ich sie im Ganzen heute schon erkannt habe, weiß auch ich nicht.

An alle und mich

„Ich weiß nicht, was ich alles schreiben werde. Doch ich will versuchen niederzuschreiben, welche Erfahrungen ich in der letzten Zeit gemacht habe. Es soll kein Buch werden, was ich mir schon überlegt hatte, zu schreiben. Nein, einfach meine Erfahrungen auf dem Weg zum Ziel. Doch ich würde lügen, wenn ich sagen würde, dass ich die nun nachfolgenden Zeilen nicht veröffentlichen wolle und das nur für mich schreibe. Zumindest meinen Freunden möchte ich diese Zeilen zu lesen geben.
An alle und mich, wie ich es überschrieb. Ich will auch keinen Fetz schreiben, wie ich es immer in den Briefen an Birgit tue. Doch das tue ich, weil ich es schreibe. Ich, damit meine ich mich, mein Äußeres. Leider fehlen mir die passenden Worte um vieles richtig verständlich zu machen. Ein Grund, dass ich diese Zeilen nicht veröffentlichen kann. Ich würde missverstanden werden, wie ich es auch werde, wenn ich viele Sachen sage. Doch manchmal hilft schon die Betonung einzelner Buchstaben. Auch kann ich mich nur auf die 26 Buchstaben berufen. Eigentlich bin ich im Moment auch nicht in der Lage, etwas klar niederzuschreiben, so dass alle und ich es verstehen. Irgendetwas sagt mir jedoch: "Schreibe". Vielleicht kommt der zündende Gedanke auch. Jetzt weiß ich

noch nicht einmal, wo ich anfangen muss. Bei meinem Ziel oder wo ich jetzt bin, von meinem Innern her. Ich sollte bei meinem Ziel anfangen, das ich glaube zu kennen. In den letzten Wochen hat sich vieles ereignet, was ich mitbekommen habe und für mich verarbeitet habe. Ich habe viele Menschen kennengelernt, die das gleiche Ziel schon vor Augen haben - die Pforte zum Glück, zur absoluten Zufriedenheit, zum Frieden und zum Ausgangspunkt, der Liebe.
Die Liebe. Mein Ziel, aller Ziel. Nur keiner weiß so recht, wo er anfangen soll, wo er all das findet, wo er die Liebe findet. Leider suchen viele Menschen das Glück in der Familie, die Zufriedenheit im Haus, Auto, Fernseher - natürlich in Farbe -, den Frieden im Zusammenleben mit dem Nachbarn, die Liebe im anderen Partner, ob nun Mann, Frau oder Homosexuelle. Sie suchen an der falschen Stelle.
Sie müssen bei sich suchen, in sich selber. Da findet man Glück, Zufriedenheit, Frieden und Liebe. Diese 4 Sachen, vielleicht gibt es noch mehr, sucht jeder. An oberster Stelle die Liebe. Solange ich lebe, so lange wie du lebst, so lange alle leben wird es die Liebe geben. Sie ist in jedem Menschen. Also wird sie immer da sein. Liebe ist in jedem Lebewesen, ob Mensch, ob Tier, ob Pflanze. Überall. Die Liebe ist eine ungeheure Energie, die alles heilen kann. Leider weiß ich nicht genau, was es ist. Ich nenne es Liebe, weil für die Menschen Liebe mit allem verbunden ist: Glück, Zufriedenheit, Frieden. Doch die Liebe, die ich meine, ist nicht die körperliche Liebe, nicht meine Liebe zu Birgit.
Nein, es ist etwas anderes, etwas Unbeschreibliches - Gott. Ja. Für mich ist es Gott. Doch ich nenne es nur Gott, weil ich einen Namen dafür brauche. Doch mit Gott verbindet man die Perfektion. Und die Liebe ist perfekt. Dieses komische etwas ist perfekt. Man wird es nie bis zum Schluss wissenschaftlich erforschen

können. Und man braucht es auch gar nicht. Es kennt doch jeder. Es ist in jedem vorhanden. Und Jesus hat es gefunden. Er hat es gehabt. Er wusste was es ist. Doch die Menschheit hat sich verschlossen. Und mit sich die Liebe. Ich bin nun auf der Suche nach dem Schlüssel. Der Schlüssel heißt aber nicht Kirche, Maharaj Ji, Hare Krishna oder sonst eine Einrichtung - menschliche Einrichtung. Jesus hatte ihn gefunden. Gott hatte ihm den Schlüssel gegeben. Gott wie gesagt, dieses für mich unbeschreibliche Etwas. Und Jesus hat ihn weiter gegeben an seine Jünger. Und ich hoffe oder habe die Hoffnung, diesen Schlüssel auch zu finden. Und diese Hoffnung wächst in mir Tag für Tag. Ich hoffe, dass niemand die Tür verschlossen hat und den Schlüssel hineingeworfen hat. Doch wenn der Schlüssel reingeworfen wurde, so kann man ihn auch wieder herausholen. Und sollte der Schlüssel in dem abgeschlossenen Raum sein, so bleibt für mich doch die Hoffnung, dass man ihn wieder herausbekommt. Doch jeder sollte es versuchen ihn zu finden. Man darf nicht darauf warten, dass einem der Schlüssel gebracht wird".

(Meine Sichtweise in Bezug auf Gott hat sich inzwischen verändert. Er ist nicht nur die Liebe, er ist **Alles**. Tatsächlich alles. Das **All**, der **All**mächtige. Einfach **Alles** und nicht nur ein Teil vom Ganzen. Er ist Buddhist, Christ, Moslem, Hindu. Wir sollen uns deshalb auch kein Bild von ihm machen, weil **Alles** für unseren Verstand nicht greifbar ist. Das nebenbei.)

Und dann habe ich mich auf die Suche begeben. Über 30 Jahre hat diese Suche gedauert. Und heute verstehe ich überhaupt erst, was ich da geschrieben habe. Nach 25 Jahren hatte ich ihn bei einem Umzug wieder gefunden.

Zwei Aussagen bestätigen mir, dass viele Menschen nicht genau wissen, was die Liebe ist. Ich habe einen mir am Herzen liegenden Menschen gefragt, ob sie glaubt, dass es die bedingungslose Liebe gibt. Ihre Antwort: „Ich denke schon, bin mir nicht ganz sicher".

Ein mir bekannter Mensch sagte einmal: „Bedingungslose Liebe gibt es nicht". Ich weiß nicht, ob sie heute immer noch so denkt. In einer ihrer Handlungen habe ich wohl erkannt, dass es die bedingungslose Liebe für sie tatsächlich nicht gibt und dies nicht nur in ihren Gedanken.

Sie hat keine Kinder und setzte ihr Patenkind, das Kind eines Geschwisterteiles, als Erben in ihr Testament ein. Dann wurde sie zu einer Familienfeier, nicht eingeladen und hat das Kind aus Enttäuschung aus dem Testament gestrichen. Das Erbe war also an eine Bedingung geknüpft, die da heißt: „Wenn du nicht das tust, was mir gefällt, hast du mit meinen Konsequenzen zu rechnen".

Ein anderer passender Satz wäre: „So lange du deine Füße unter meinen Tisch stellst, habe ich hier das sagen". Wie war das noch mit dem Machtausüben? In dieser Handlung ist tatsächlich die Liebe nicht im Spiel, denn die wahre Liebe ist bedingungslos.

Würde meine Bekannte an die bedingungslose Liebe glauben und sie leben, dann stünde ihr Patenkind immer noch im Testament. Ich erinnere noch mal an den Satz aus dem Korinther: „Wenn ich mit Engelszungen redete und kenne die Liebe nicht, klingt alles wie Blech".

Liebe findet im Herzen statt und nicht im Kopf. Jetzt gebe ich Ihnen einmal ein paar Beispiele, in deren

Handlung sie die bedingungslose Liebe erkennen können:

Wenn Sie jemandem zum Geburtstag ein Geschenk schenken und keines zu ihrem Geburtstag zurück erwarten.

Wenn Sie in einer Gruppe jedem ein Getränk ausgeben und nicht erwarten, dass sie ein Getränk zurückbekommen.

Wenn Sie selbstlos einer in Not befindlichen Person helfen, ohne sich dabei zu vergessen. Damit meine ich, dass Niemandem geholfen ist, wenn Sie sich selbst in Gefahr bringen.

Wenn Sie ihrer Partnerin oder ihrem Partner Blumen schenken ohne einen Kuss zu erwarten.

Wenn Ihre Partnerin oder Partner sie verlässt, aus welchem Grund auch immer, und sie oder ihn gehen lassen, dann sind Sie in der Liebe, selbst wenn es bei Ihnen Schmerzen hervorruft.

Wenn Sie auf Facebook und anderen sozialen Medien etwas schreiben und keinen Kommentar erwarten (dann können sie es übrigens lassen). Sie erinnern sich meiner Ironie?

Wenn Sie spenden, egal in welcher Form, und keine Spendenquittung erwarten um Steuern zu sparen.

Wenn Sie einem Bettler oder Obdachlosen Geld schenken und nicht erwarten, dass er sich Brot kauft statt Alkohol.

Wenn niemand von Ihnen erwartet, dass Sie schenken.

Die „Wahre Liebe" hat keine Erwartung, sie hat Vertrauen. Die „Wahre Liebe" kämpft nicht, sie ist einfach nur. Die „Wahre Liebe" gibt dem Partner und jedem Menschen jeden neuen Tag eine neue Chance, **egal** ob er diese nutzt oder nicht.

Die Welt ändert sich jeden Tag und der Mensch tut es auch. Manchmal nehmen wir es nicht wahr, weil die alten Verletzungen sich über die „Wahre Liebe" gelegt haben. Je mehr die seelischen Verletzungen abnehmen umso höher wird die **Wahr**nehmung. Sie bekommen einfach mehr mit.

Wenn Sie glauben, Sie müssen Ihr Kind in die richtige Richtung „ziehen", dann zeigen Sie ihm die bedingungslose Liebe und bringen ihm die Regeln bei. Doch erwarten Sie nicht, dass ihr Kind dies erfüllt, sonst sind Sie nicht in der Liebe, denn die „Wahre Liebe" lässt los, damit der „freie Wille" entstehen kann.

Damit wir Fehler machen um zu lernen. Damit eines Tages keine „Fehler" mehr gemacht werden. Doch soweit sind wir noch nicht. Vielleicht einzelne, die meisten allerdings nicht.

Um die wahre Liebe zu verdeutlichen eine kleine Geschichte aus dem Buch der Tausend Weisheiten, der Bibel.

Zwei Frauen kamen zu König Salomon dem Weisen und stritten um ein Kind. Beide behaupteten, die Mutter zu sein und baten Salomon ein gerechtes Urteil zu sprechen und der wahren Mutter das Kind zu geben.

Salomon bat die Frauen besagtes Kind festzuhalten. Da beide Frauen weiterhin darauf bestanden, die

Mutter zu sein, nahm Salomon sein Schwert um das Kind zu teilen. Als er sein Schwert erhob, ließ eine der Frauen das Kind los. Salomon nahm das Kind und gab dieser Frau das Kind, denn er wusste, dass die liebende Mutter nie möchte, dass ihr Kind einen Schaden nimmt. Sie schützte ihr Kind, indem sie es losgelassen hat.

Halten Sie Ihr Kind nicht fest, lassen Sie es seinen eigenen Weg gehen. Begleiten Sie es und hören Sie nie auf, Ihr Kind zu lieben, dann weiß auch das Kind eines Tages, wo es hingehört. „Wie ich in den Wald hineinschrei, so kommt es zurück".

„Hoffnung, Glaube und die Liebe, diese 3 bleiben. Und die Liebe ist die größte unter Ihnen". So steht es im Hohelied der Liebe. Verlieren Sie mal ihre Hoffnung, verlieren Sie mal ihren Glauben, verlieren Sie mal die Liebe. Was soll denn dabei herauskommen?

NACHWORT

Ich bin davon überzeugt, dass die Menschen das „Paradies auf Erden" schaffen können. Wenn die Saat für dieses Paradies nicht gesät wird, dann kommt es nicht. Viele Menschen „säen" allerdings inzwischen. Die evolutionäre Entwicklung hat mit dem Bankkonto nichts zu tun.

Sie sind nicht höher entwickelt, wenn Sie materialistischen Reichtum erschaffen haben. Wenn es darauf ankäme, würden Sie am Ende ihres Lebens alles mitnehmen. So haben einst die Pharaonen gedacht und dann sind die „irdischen" Reichtümer entwendet worden. Der Geist ist geblieben.

Die Entwicklung des Menschen ist geistiger Natur. Der Dalai Lama weist immer wieder darauf hin. In seinem Buch „Empathie" beschreibt er es. „Es fängt bei dir an und kann die Welt verändern", so heißt es. Wenn ich mit so vielen Menschen darüber spreche, geben sie mir oft Recht und machen dann alles so weiter wie bisher indem sie ein „Aber" hinzufügen. Der freie Wille erlaubt dieses „Aber".

Die Komfortzone ist auch eine Zone. Und jeder hat diese Zone auf seiner eigenen Ebene. Und wenn einer doch aus seiner Komfortzone möchte, heißt es: „Wir klagen auf hohem Niveau. Es geht uns doch viel besser wie früher. Sei doch zufrieden". Aber was ist, wenn ich nicht zufrieden bin? Was ist, wenn der Wohlstand nicht alle Menschen erreicht?

Vielleicht ist es ja die Angst, dass Veränderungen nicht angegangen werden, weil man nicht weiß, ob das gewünschte Ziel erreicht wird. Manchmal ist es auch der Glaube, dass man als Einzelner nichts erreicht. Jede Veränderung, egal wie klein sie ist, verändert. Sonst wäre es keine Veränderung.

Es scheint mir so zu sein, dass der Mensch das einzige Wesen ist, das die Änderungen bewusst steuern kann. Andere Lebewesen passen sich den Umständen an. In der Bibel steht dazu geschrieben: „Mache dir die Erde untertan".

Damit ist sicherlich nicht gemeint, Macht auszuüben. Ich glaube, es ist die Aufforderung, mächtig zu sein. Den Naturgesetzen ausweichen zu können, wenn es nötig ist, um nicht auszusterben, wie es andere Lebewesen vor uns getan haben. Der Klimaveränderung entgegen zu stehen, statt vor ihr Angst zu haben. Den eigenen Schattenseiten zu widerstehen.

Das Leben selber wird nie sterben, es ist Ewig und hat keinen Anfang und kein Ende. Ich weiß, der Verstand will das nicht begreifen. Er ist zu „dumm" dafür, weil er ständig den Tod vor Augen hat und nicht sieht, dass die Ewigkeit um ihn ist.

Mein deutlicher Hinweis. Lesen sie zwischen den Zeilen, doch Sie dürfen sie auch wörtlich nehmen. Wie Sie diese Zeilen lesen und verstehen, kann ich ihnen nicht abnehmen. Alles fängt bei einem Selbst an, nie bei einem anderen.

Wir können uns den Prinzipien des Lebens nicht entziehen, doch wir können lernen mit ihnen umzugehen. Genauso, wie Sie lernen können, ihr Handy zu gebrauchen, ohne dass Sie Schaden nehmen und Ihnen Stress bereitet. Denn Stress schadet Ihrem Körper und er wird es Ihnen zeigen.

Ich bin mir darüber bewusst, dass eine Veränderung immer seine Zeit braucht. Diese Veränderungen, die entstehen können, brauchen Generationen. Sie selbst haben vielleicht nichts mehr davon, aber die Generationen danach. Aus meiner Sicht ist das „nachhaltiges Denken". Die andere Sicht ist kurzfristig.

Es gibt ein Lied von Clueso, das heißt „Gewinner". Hier Auszüge seines Textes:
„An allem was man sagt, an allem was man sagt, ist auch was dran.
Ich bin dabei, du bist dabei, wir sind dabei uns zu verlier'n.
Ich bin dabei, bist du dabei, bin ich dabei uns zu verlier'n.
Leichter als leicht, geht es vielleicht, leichter als das, was vielleicht war. Leichter als leicht, das ist nicht weit von hier zu dem, was noch nicht war".

In diesem Lied kommt nicht einmal das Wort „Gewinner" vor. Er beschreibt den Gewinner von der anderen Seite. Egal, ob Sie einen Gewinner beschreiben oder einen Verlierer, Sie werden immer wissen, wie ein Gewinner aussieht. Die „Gewinnerbeschreibung" dürfen Sie wörtlich nehmen. In der „Verliererbeschreibung" empfehle ich Ihnen, den „Gewinner" zwischen den Zeilen zu **finden**. Und finden Sie den „Gewinner", sonst bleiben Sie ein ewig „Suchender".

Und je mehr negative Gedanken ich habe umso mehr bin ich der „Verlierer". Je mehr positive Gedanken ich habe, umso mehr bin ich der „Gewinner". „Ihr braucht das Dunkel um das Licht zu erkennen". Drei Sätze, ein und dieselbe Aussage.

Ich weiß, dass ich beide Gedanken haben kann, positiv und negativ. Deshalb achte ich auf meine Gedanken und meine Gefühle. Denn sie beeinflussen meine Handlungen und der Körper setzt sie in die Tat um.

Ich kenne die Macht der „Gewohnheit", ich kenne die Macht der „Erziehung". Bringen Sie ihrem Kind doch einfach die Regeln nahe und erklären Sie ihm, wie wichtig es ist, diese Regeln einzuhalten ohne diese „einzuprügeln". Sie müssen die Regeln nicht weitergeben, wenn ihr freier Wille es nicht will. Doch überdenken Sie, ob dann Chaos entsteht?!

Bei allen Dingen, die uns begegnen ist die **„Geduld"** eine der wichtigsten Tugenden. Ich kann Ihnen nicht sagen, wie lange die „Geduld" dauert, denn die „Geduld" kennt keine Zeiteinheit. Sie ist ein Zustand der inneren Ruhe. Sobald Sie den Zustand der „Geduld" verlassen, kommt automatisch die „Ungeduld".

Die „Ungeduld" fördert negativen Eigenschaften wie Rücksichtslosigkeit, Misstrauen, Wut und über jemanden etwas Denken, was nicht der Wahrheit entspricht. Seien Sie sich immer bewusst, dass es zwei Seiten gibt und immer eine da ist, bei Ihnen wie auch bei den Anderen. Wir sind in dem Punkt **alle** gleich, auch wenn es der Verstand nicht einsehen will.

Heute haben wir in den westlichen Ländern die „Geduld" verloren. Ohne „Geduld" haben Sie keine Zeit mehr, dass sich alles so entwickelt, wie es dauert, alles muss sofort da sein und erledigt werden. Der Verstand möchte „Geduld" in einen Zeitrahmen sehen, weil der Verstand „endlose Geduld" nicht versteht.

Der Verstand hat Schwierigkeiten, das „Unendliche" zu sehen. Und somit begrenzt sich der Verstand selbst. Und der „Horizont" ist bei jedem Menschen unterschiedlich, einer kann immer weiter sehen wie der andere. Doch der, dessen Horizont am weitesten ist, kann die Horizonte der anderen sehen. Er ist deshalb nicht automatisch ein „guter und besserer" Mensch. Er kann lediglich weiter gucken.

Der „dümmste Mensch" ist nicht dümmer wie der „dümmste Mensch". Der „klügste Mensch" ist nicht klüger wie „der klügste Mensch". Wenn ein kluger Mensch jemand zum dummen Menschen erklärt, weiß ich inzwischen nicht mehr, wer der „Klügere" ist. Der „Klügere" gibt nach. Es geht nicht darum, besser zu sein wie der andere. Bitte lesen Sie den Abschnitt zwischen den Zeilen.

So kann **alles** erschaffen werden, es kommt nur darauf an, was der Mensch aus seinen Gedanken macht. „Wenn ihr nicht werdet wie die Kinder"…….

Es gibt viel zu tun. Wer macht mit?

Schlussworte

Ich bin dankbar, dass ich Lesen und Schreiben gelernt habe, wie sollte ich sonst diese Buch schreiben können?

Dies ist nur die halbe Wahrheit. Heute kann ich auch ein Buch sprechen, denn es gibt Hörbücher. Ich muss nur sprechen können.

Auch das ist nur die halbe Wahrheit. Ich kann ein Buch auch denken. Doch wenn keiner meine Gedanken lesen kann, wie sollen sie dann an die Öffentlichkeit kommen?

Manchmal sind es die negativen Erfahrungen, die uns davon abhalten, glücklich, zufrieden und in der Liebe zu sein. Eigentlich sind sie es immer – sie sind es immer. Sie gilt es zu überwinden für ein dauerhaftes „Paradies". Das ist der Weg aus der „Versuchung".

Die Würde des Menschen ist unantastbar. Wir sind alle gleichwertig.

Das ist die Wahrheit und nichts als die Wahrheit, so wahr mir Gott helfe, wer oder was auch immer du bist

Punkt

Wenn Sie jetzt das Buch gelesen haben, und erkannt haben, dass alles irgendwie zusammenhängt **und** zusammengehört, versteckt sich das Buch in drei ganz einfachen Worten –

Ich liebe Dich.

Warum das Leben kompliziert betrachten, wenn es doch so einfach ist?!

Warum ständig neue Gesetze und Verordnungen, wenn das Einhalten der Regeln ausreicht?!

Warum nicht **eins** sein mit allem?!

Quellenangabe: Das Leben und Wissen vieler Menschen, mein Leben und Wissen **und** das Leben und Wissen von Ihnen, denn Sie erzählen es mir tagtäglich durch Ihr Reden und Ihr Handeln.

Jedes 4. bis 5. Kind ist hochsensibel und hochbegabt. Achten Sie auf ihr Kind und geben Sie ihm den Wert, den es benötigt.

Notizen

Raum für die eigenen Gedanken